# 科里科气研学合肥

科里科气研学合肥编委会 编著

时代出版传媒股份有限公司
安徽少年儿童出版社

图书在版编目（CIP）数据

科里科气研学合肥 / 科里科气研学合肥编委会编著.
合肥：安徽少年儿童出版社, 2024.8. -- ISBN 978-7-5707-2341-6

Ⅰ.G632.429

中国国家版本馆 CIP 数据核字第 20245UY886 号

KELIKEQI YANXUE HEFEI
**科里科气研学合肥**　　　　　　　　　　　　　　科里科气研学合肥编委会　编著

| | |
|---|---|
| 出版人：李玲玲 | 策　划：欧阳春　韦　亚 |
| 统　筹：丁　倩　曹　艳 | 责任编辑：曹　艳　邵雅芸　方　军　丁　倩 |
| 特约组稿：张先发 | 责任印制：朱一之 |
| 责任校对：王　姝 | 装帧设计：有品堂 |

出版发行：安徽少年儿童出版社　E-mail：ahse1984@163.com
　　　　　新浪官方微博：http://weibo.com/ahsecbs
　　　　　（安徽省合肥市翡翠路 1118 号出版传媒广场　　邮政编码：230071）
　　　　　出版部电话：（0551）63533536（办公室）　　63533533（传真）
　　　　　（如发现印装质量问题，影响阅读，请与本社出版部联系调换）
印　　制：安徽联众印刷有限公司
开　　本：710 mm×1000 mm　　1/16　　印张：12.75　　字数：162 千字
版（印）次：2024 年 8 月第 1 版　　　　　　　　　2024 年 8 月第 1 次印刷

ISBN 978-7-5707-2341-6　　　　　　　　　　　　　　　　定价：35.00 元

版权所有，侵权必究

# 科里科气研学合肥编委会

**指导单位**：合肥市文化和旅游局
　　　　　　合肥市教育局
　　　　　　合肥市科学技术协会

**主　编**：戴厚文

**编　者**：朱家礼　黄　新　许　磊　徐鹏举　章　明
　　　　　方晓磊　方　欣　孙倩倩　梁　元　张　永
　　　　　余　飞　徐双锁　陈咪咪　王媛媛　任　霞
　　　　　刘露露　时文堃　毛然然　卓小方

**审　稿**：李家星　王　腾　包明明　于振中　朱海伦
　　　　　王慷琪　赖凌峰　宋　关　姜世吕　石　红

**顾问团队**：科大讯飞股份有限公司
　　　　　　合肥市智能机器人科普研学基地
　　　　　　科大国盾量子技术股份有限公司
　　　　　　中国科学院等离子体物理研究所
　　　　　　清华大学合肥公共安全研究院
　　　　　　原力谱能超导实验室
　　　　　　蔚来合肥先进制造基地
　　　　　　合肥国轩高科动力能源有限公司
　　　　　　合肥航空科普馆
　　　　　　零重力飞机工业（合肥）有限公司

# 目录

| | | |
|---|---|---|
| 001 | 人工智能 | 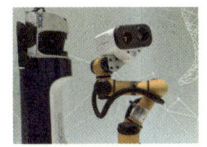 |
| 023 | 量子世界 |  |
| 047 | "人造太阳" |  |
| 071 | 公共安全 |  |
| 097 | 走进超导 | 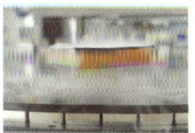 |
| 117 | 新能源汽车 |  |
| 141 | 新能源电池 |  |
| 165 | 低空交通 |  |

# 人工智能

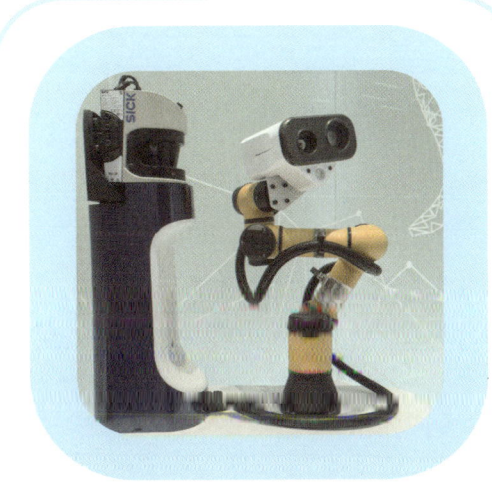

人工智能（Artificial Intelligence，简称AI）是引领新一轮科技革命和产业变革的战略性技术，有可能为各个行业带来一系列好处。在移动互联网、大数据、超级计算、传感网、脑科学等新理论、新技术的驱动下，人工智能加速发展，呈现出深度学习、跨界融合、人机协同、群智开放、自主操控等新特征，正在对经济发展、社会进步、国际政治经济格局等方面产生重大而深远的影响。

# 知识园地

 **人工智能是什么？**

20世纪中叶，一群非常聪明的人聚在一起开会，提出了一个大胆的想法：如何用机器模拟人的智能。这个会议在美国达特茅斯学院召开，因此被称为"达特茅斯会议"。会议首次提出"人工智能"这一概念，这标志着人工智能学科的诞生。

人工智能是十分广泛的科学，它企图了解智能的实质并生产出一种新的、能以与人类智能相似的方式做出反应的智能机器；它的研究内容包括机器人、语言识别、图像识别、自然语言处理、专家系统、机器学习、计算机视觉等。

 **人类学习和机器学习有什么区别？**

人类学习通常需要老师或家长的指导，告诉学习者这是什么、那是什么；而机器学习就像是给电脑安装了一个超级大脑，让它能够从一大堆信息里找到规律，然后自己分析、自己学习。

比如，银行利用机器学习来抓坏人。人们会让银行的电脑分析很多有关坏人作案的案例，了解这些坏人的行为模式。当电脑发现新的交易行为和这些坏人的行为很像时，就会发出警报："小心，可能有坏人！"这样，银行就能及时判断和阻止坏人做坏事了。

所以，机器学习不需要别人一直告诉它每一步该怎么做，它会自己从经验中学习，从而变得越来越能干。

 **机器人是如何工作的？**

机器人不仅多才多艺，还能"上刀山下火海"，它们经常在很多地方大显身手。比如消防灭火机器人、电力巡检机器人等。

火灾现场很危险，消防员需要冒着生命危险去灭火、抢救伤员，而消防灭火机器人在一定程度上可以代替消防员进行灭火救援工作。一些小型消防灭火机器人可以连续工作6个小时，借助自身的红外摄像头，通过图像识别技术，捕捉火灾现场的情况，实行救援；它们喷

◉ 小型消防灭火机器人

射的水柱能高达80米，差不多有30层楼那么高；还配备了耐高温的履带，通行能力很强，让它们能在火灾现场任意穿行。

电力巡检机器人主要应用于室外变电站，具有自动导航、自主巡检、红外测温、数据分析、预警管理、自动充电等功能。炎热的夏季，在室外工作的电力巡检人员很辛苦，甚至还有中暑晕倒的风险，电力

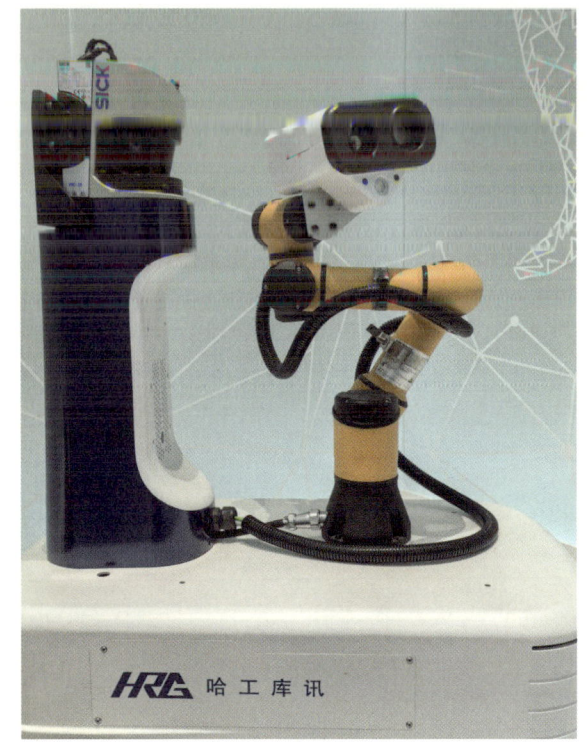

◉ 电力巡检机器人

巡检机器人可以代替他们，应用红外热成像和高清摄像双视结合技术，及时发现电力设备热缺陷等问题；还可以精准识别各类仪表读数和设备电流、电压的致热现象，全面巡检相关设备，提高巡视率，等等。

###  你知道什么是 AI 大模型吗？

AI 大模型通过学习海量知识，让自己变得"博学多才"，在特定领域表现出色。AI 大模型有很多，比如 ChatGPT、讯飞星火大模型、文心一言大模型、盘古大模型等。其中，讯飞星火大模型是科大讯飞

推出的新一代认知智能大模型，它具有多种"超能力"。

它的第一个超能力是文本生成。它可以生成连贯的、逻辑性强的文本，无论是新闻报道还是学术论文，大部分都能写得又快又好。

第二个超能力是语言理解。不管我们是说普通话还是说方言，它都能听懂，还能像小伙伴一样和我们对话，理解我们想让它做的事。将AI大模型与多语种智能语音技术进行结合是当今国际科技竞争的焦点，由科大讯飞牵头完成的"多语种智能语音关键技术及产业化"项目还荣获了2023年度国家科学技术进步奖一等奖。

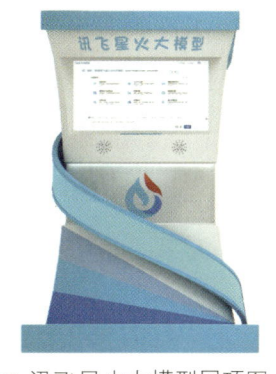

◎ 讯飞星火大模型展项图

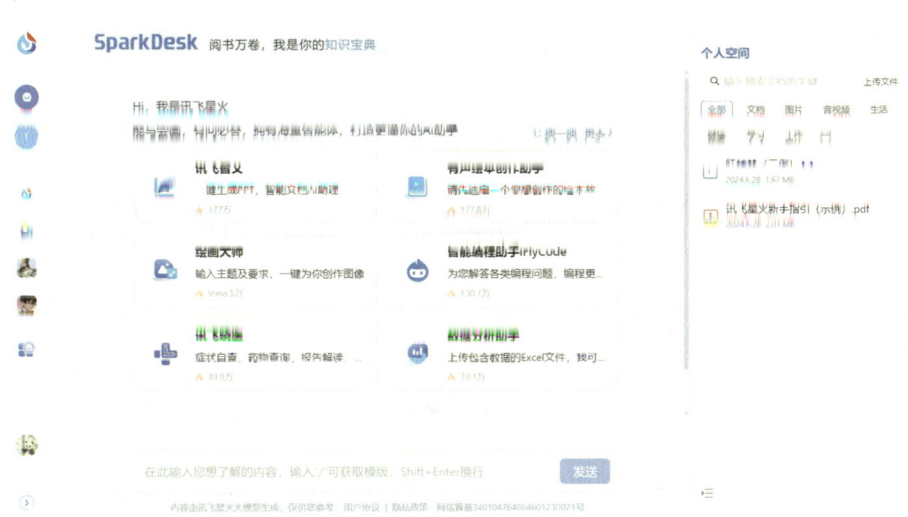

◎ 讯飞星火大模型界面图

第三个超能力是知识问答。它能从无穷多的数据和庞大的知识库里提取答案，不管是问它怎么做番茄炒蛋，还是怎么写一串代码，它都能回答上来。

第四个超能力是逻辑推理。它能模拟人的思维方式，逐步分析问题，像大侦探福尔摩斯一样，一步步推理出结论。

第五个超能力是擅长数学。加减乘除完全难不倒它，几何、代数、概率、统计等对它来说也不在话下。

最后，它还有多模态交互的能力，不仅能处理文字和语言，还能理解图片和声音，让互动更加多样有趣。

总之，AI大模型就像一个全能的超级助手，不论是学习、工作，还是生活，都能给我们带来很多帮助。

##  无人驾驶汽车是怎么做到避免碰撞的？

没有司机，汽车依旧能正常行驶。虽然这听起来不可思议，但实实在在发生在我们的日常生活中。这其实是科学家给汽车安装了"神奇的感官"，帮助它清楚地感知周围的世界，这种汽车也是我们常说的无人驾驶汽车。

摄像头是无人驾驶汽车的"眼睛"，可以拍摄路上的行人、车辆和障碍物，还能识别出车道线和红绿灯，就像我们用眼睛看东西一样。

激光雷达让无人驾驶汽车拥有"超级视力"，它能用一束束激光来测量汽车与周围物体的距离，帮助汽车绕开障碍物。

毫米波雷达是无人驾驶汽车的"耳朵"，它用一种特殊的波来"听"远处的声音，这样即使在雾天或者雨天，汽车也能清楚地知道前面有没有东西。

组合惯导是无人驾驶汽车的"小脑"，它用一些特殊的仪器来感知汽车是怎么动的，然后测算出汽车的位置和速度，让汽车知道自己怎么走才能不撞到东西。

# 人工智能

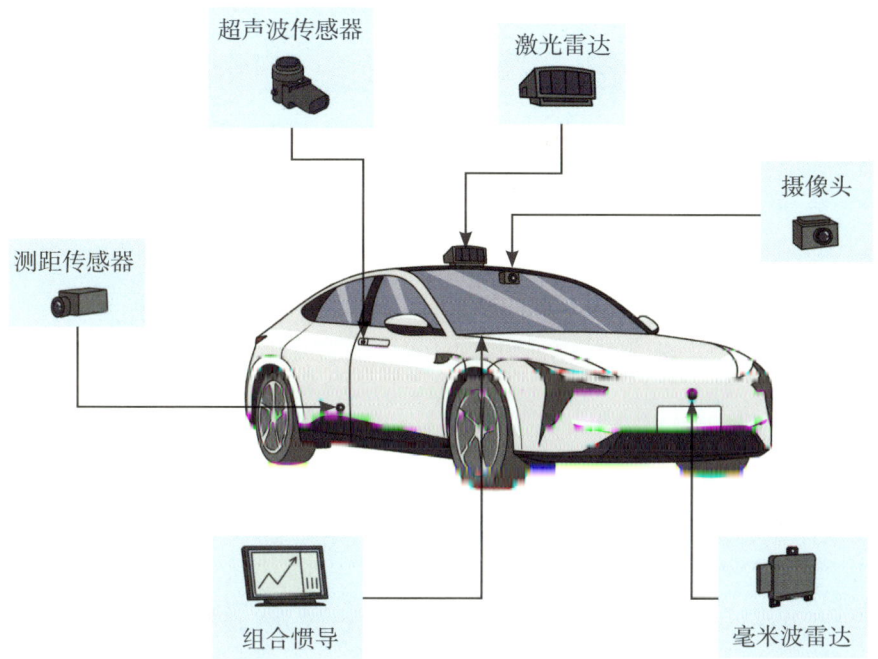

◎ 无人驾驶汽车示意图

所以,无人驾驶汽车就是用这些"神奇的感官",来帮助自己看清道路、识别方向、避开障碍物,从而在路上顺利地行驶!

# 研学活动

## 研学目标

**【知识目标】**

初步了解人工智能领域的基本概念，探索人工智能与日常生活的联系。

**【技能目标】**

通过参与机器人编程等实践操作，提高动手实践能力。

**【情感目标】**

培养团队合作精神，认识到在人工智能领域中协作的重要性，体验共同探索科技的乐趣。

# 研学准备

**1. 确定场所**

了解我们所在城市里与人工智能有关的科研院所或企业的情况。

地点在哪？　距离多远？　取得哪些研究成果？　是否有展厅？　是否对外开放？

**2. 了解交通**

综合考虑距离、安全等因素确定交通工具，并注意以下安全事项：有序上车、系好安全带、不大声喧哗、不把头或手伸出窗外。

**3. 查询天气**

根据天气情况，准备合适的衣物、雨具等。

**4. 准备物品**

记录单、食物、水杯、常备药品、运动鞋等。

**5. 文明礼仪**

研学过程中，自觉遵守各项规章制度，做到文明参观。

# 研学内容

## 一、我了解的人工智能
（所需时间：40分钟）

### 我的研学任务

结合前期查阅的资料以及研学导师的讲解，对人工智能有一定的了解。

- 人工智能
  - 发展历程中的主要事件
    - 1956年，达特茅斯会议
    - 1997年，IBM"深蓝"战胜国际象棋世界冠军
    - 2016年，AlphaGO战胜围棋世界冠军
    - 2023年，生成式人工智能的突破之年
  - 应用领域
    - 智慧教育
    - 智慧医疗
    - 智慧交通
    - ……
  - 概念
    - 计算机程序、智能行为、多学科融合
  - 核心技术
    - 机器学习
    - 智能语音
    - 计算机视觉
    - 自然语言处理

## 我的研学记录

**1.** 人工智能的英文缩写为_____，它是一种通过_____程序实现的智能行为，能够自主地从数据中学习、推理、判断和决策，以模拟_____智能的一门多学科融合的交叉学科。

**2.** 人工智能的四个核心技术分别是：

> 人工智能的核心，是通过数据训练模型，使计算机能够从经验中学习并进行预测或决策。

> 人工智能应用非常成熟的技术之一，是使计算机能够理解和生成自然语言语音，包括语音识别技术和语音合成技术。

> 让计算机能够"看"和理解图像或视频，应用于图像识别、目标检测等领域。

> 让计算机能够理解、解释和生成人类语言，有多个应用方向，包括文本分析、翻译和对话系统等。

## 二、生活中的人工智能

（所需时间：60分钟）

### 我的研学任务

在实践园地进行多种体验活动，从而直观理解人工智能技术的多种应用。

**语音识别** 使用语音识别设备将语音转化成文字，了解语音识别的准确性和实时性，思考语音识别技术在日常生活中的应用。

**智能翻译** 使用翻译机将自己所说的中文翻译成其他语言，体验自然语言处理技术的实际应用，思考智能翻译的适用场景。

**图像识别** 用手机或平板电脑等设备拍摄物品图片，体验图像识别技术的功能，思考图像识别技术的实际应用。

**智慧教育** 利用学习机进行智能改卷，可以看到其提供的解析和学习建议，了解人工智能在教育领域的应用。

**人机对话** 输入问题，通过机器人的回答记录有趣的对话，还可以尝试提出更复杂的问题，体验自然语言处理技术的实际应用。

## 我的研学记录

**1.** 在实践园地，我们体验了多种应用人工智能的科技产品，人工智能技术在生活中的应用随处可见。请在下列应用场景中勾选产品所使用到的人工智能技术。

| 场景 | 买东西时刷脸支付 | 记者采访使用录音笔将语音转为文字 | 与智能机器人对话 | 与下棋机器人对弈 |
|---|---|---|---|---|
| 人工智能技术 | ☐机器学习<br>☐智能语音<br>☐计算机视觉<br>☐自然语言处理 | ☐机器学习<br>☐智能语音<br>☐计算机视觉<br>☐自然语言处理 | ☐机器学习<br>☐智能语音<br>☐计算机视觉<br>☐自然语言处理 | ☐机器学习<br>☐智能语音<br>☐计算机视觉<br>☐自然语言处理 |

**2.** 通过体验活动和研学导师的讲解，我们知道了人工智能擅长的事和不擅长的事。请将下图中人工智能擅长的事圈出来。

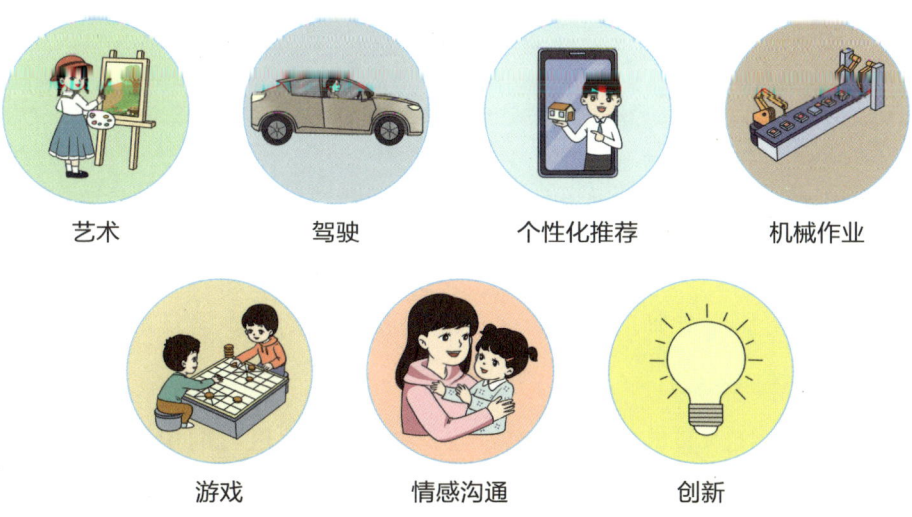

艺术　　　驾驶　　　个性化推荐　　　机械作业

游戏　　　情感沟通　　　创新

## 三、探索人形机器人的奥秘

（所需时间：90分钟）

### 我的研学任务

探索了解以下问题：人形机器人是什么样子的？它和非人形机器人相比，有什么异同？人形机器人主要应用于哪些领域？

人形机器人，指具有类似人的形态和功能的机器人，具有拟人的肢体、运动与作业技能，以及认知和学习能力，其行动主要依靠程序和指令。

❶ 参观场地内的各类机器人，感知人形机器人和非人形机器人在外形、功能等方面的区别。

❷ 聆听研学导师的讲解，了解每种机器人的基本设计原理和应用场景。

❸ 在工作人员的指导下，尝试与人形机器人进行简单的交流和互动，如提问、下达指令等。

人工智能

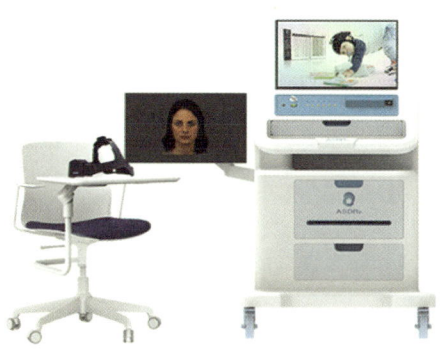

儿童孤独症智能辅助评估系统
（服务机器人）

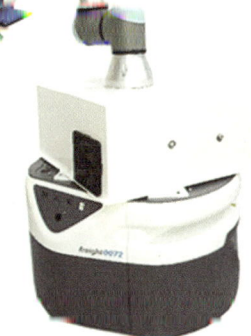

智能移动抓取机器人
（工业机器人）

地下管网清淤检测机器人
（特种机器人）

❹ 通过编程设计一段简单的舞蹈动作，让人形机器人进行表演。

## 我的研学记录

**1.** 我们了解到：机器人的基本结构包括控制系统、感知系统、执行系统和驱动系统四部分。

下图中这个人形机器人的各个部位分别对应什么系统？请写出来。

嵌入式的控制器：_____系统

眼睛（光电传感器）：_____系统

电源：_____系统

肩部、肘部、腕部的连接：_____系统

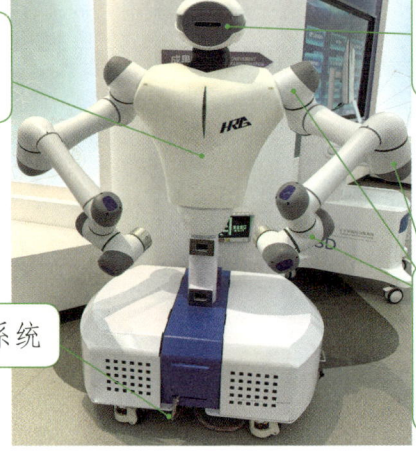

**2.** 机器人能感知周围的环境，是因为装有各种传感器。

下面这三个机器人分别用到了哪种传感器？试着连线吧！

灭火机器人　　　　电力巡检机器人　　　　扫地机器人

超声波传感器　　　　碰撞传感器　　　　火焰传感器

**3.** 比较非人形机器人和人形机器人的不同。

| | 非人形机器人 | 人形机器人 |
|---|---|---|
| 外观 | 多样化，通常没有人的特征 | 模拟人的外观，如有头部、手臂、躯干等 |
| 功能 | 通常具有单一功能，如装配、清洁等 | 能模仿人的动作和表情，如走路、握手、微笑等 |
| 应用领域 | ＿＿＿＿＿＿＿＿ | ＿＿＿＿＿＿＿＿ |
| 交互能力 | 通常以编程执行预设任务，缺乏复杂的交互能力 | ＿＿＿＿（选填"可以""不可以"）进行语音识别、情感交流等 |
| 感知技术 | 主要依赖传感器和摄像头 | 使用视觉、听觉和触觉传感器 |
| 编程和控制 | 通常执行预设任务，很少进行自主决策 | ＿＿＿＿（选填"可以""不可以"）进行高级编程和自主决策 |
| 成本 | 制造和运行成本相对较低 | 通常成本较高，制造和维护费用昂贵 |
| 社会接受度 | 视用途而异 | 用途广泛 |
| 我还发现了人形机器人的其他优点： | | |
| 我还发现了人形机器人的不足： | | |

## 四、人工智能与未来共舞

（所需时间：10分钟）

### 我的研学任务

了解合肥在人工智能领域取得的多个重要突破。

合肥在人工智能领域的科技创新与产业发展非常活跃。合肥集聚人工智能产业上下游企业约2400家。在《2023~2024年中国人工智能计算力发展评估报告》城市排行榜中，合肥居第8位。

01 智能语音、自然语言处理等技术处于世界领先地位

02 研发出量子人工智能算法，实现更强大的计算能力

03 各类智能机器人应用于物流、仓储、医疗、汽车制造等多个领域

04 在国内率先打通以大模型和具身智能为代表的机器人从"大小脑"到"肢体"运动控制的全链路

我长大了想在人工智能的＿＿＿＿＿＿＿＿＿＿＿＿方面做出贡献。

# 我的研学记录

**1.** 目前，人工智能正处于快速发展阶段，它已经应用到交通、医疗、教育等多个领域。有人认为：未来的很多问题都能被人工智能解决。也有人认为：人工智能很危险，如果不加以防范，人类有可能会被它取代。

下面，我们来说说自己的看法吧！

我的观点：人工智能 _____ 取代人类。

我的理由：_____

_____

_____

_____

**2.** 未来,我们希望拥有一个什么样的人形机器人?它的外观是怎样的?它能执行哪些任务?什么样的技术能让它拥有这些功能?哪些传感器是必不可少的,它们会安装在人形机器人的什么部位?

请根据对上面这些问题的思考,展开想象,将自己设想的人形机器人画出来吧!

# 研学评价

| 评价内容 | 评价等级 | | | 评价主体 | | |
|---|---|---|---|---|---|---|
| | ☆ | ☆☆ | ☆☆☆ | 自主评价 | 家长评价 | 导师评价 |
| 研学准备 | 简单地查阅了一些资料 | 查阅较多资料，对研学任务有初步了解 | 查阅大量资料，对研学任务充分了解，并制订了详细的研学计划或路线 | | | |
| 研学过程 | 参与了部分研学过程，基本完成研学任务 | 全程参与研学过程，较好地完成研学任务 | 全程认真听研学导师讲解并积极参与互动，团队合作良好 | | | |
| 研学记录 | 有简单的研学记录 | 记录较完整，书写规范，复述知识点正确率较高 | 记录完整、详细、美观，复述知识点正确率高 | | | |

# 实践园地

## 科大讯飞股份有限公司
**合肥市级研学旅行基地**

科大讯飞是亚太地区知名的智能语音和人工智能上市企业，致力于让机器能听会说、能理解会思考，用人工智能建设美好世界。基于国产算力训练的讯飞星火大模型，是科大讯飞推出的新一代认知智能大模型，具有跨领域的知识和语言理解能力，它融合多模态输入和输出，能够基于自然对话方式理解与执行任务，从海量数据和大量知识中持续进化，实现从提出、规划到解决问题的全流程闭环。

地址：合肥市高新区望江西路666号

## 合肥市智能机器人科普研学基地
**国家级科普教育基地**

合肥市智能机器人科普研学基地是安徽省首批校外少先队实践教育基地，依托合肥市智能机器人研究院建设，打造以"智能机器人"为主题的科普研学及创客教育基地。基地以极具科技感的场馆体验、丰富多样的机器人展品、通俗形象的科普教学、生动有趣的互动体验，以及完善安全的配套设施开展多样化活动，助力青少年提升科学素养，为青少年参与社会实践、感受前沿科技搭建平台。

地址：合肥市经开区宿松路3963号智能科技园

# 量子世界

近年来，以量子信息为代表的量子科技，成为国际上备受关注的前沿研究方向之一。在量子科技领域，中国不再是学习、模仿和追赶者；在量子通信、量子计算、量子测量等方面，中国与世界其他国家处于同一起跑线；在推动量子科技发展、引领量子信息革命等方面，中国将会成为世界上一支重要的力量。

# 知识园地

 **什么是量子？**

量子不是某种粒子，而是构成物质最基本单元的全称。想象一下，你手中有一个球。如果你用刀把它一分为二，它就变成了两个半球；如果你继续切这两个半球，它们就会变成更小的部分。那么，我们是不是可以一直切下去呢？理论上，你可以不停地切，把它们切成分子、原子等。

但是，自然界有一个神秘的极限，当达到这个极限时，你就无法再切了。这时，该物质的基本单元就被称为"量子"。例如，在我们日常生活中，当你打开电灯，灯泡发出的光由很多光子组成，光子就是一种量子；同样，电路中流动的电子也是一种量子。所以，量子可以被理解为构成物质和能量的基本"建筑材料"，是一个物理量最小的、不可分割的基本单位。

 **量子有哪些神奇的性质？**

量子有多种不同的性质，其中，量子纠缠和量子叠加是两种比较突出的性质。

量子纠缠描述了两个或多个量子系统之间的一种特殊连接,即不管这些系统相距多远,其中一个系统的状态能瞬间影响另一个系统的状态。例如,两个纠缠态的粒子,不论它们相距多远,其中一个粒子的状态发生改变,另一个粒子的状态也会随之做出改变。这种现象被爱因斯坦形容为"幽灵般的超距作用"。

以"薛定谔的猫"为例,量子叠加就好比盒子里的猫同时处于活和死两种状态,即猫既是活的又是死的。当观察这只猫时,它要么是活的,要么是死的,且只能观察到一种状态。这种叠加态使量子计算机在处理大量数据时具有超强的并行计算能力。

◉ 薛定谔的猫

 **什么是量子信息科技?**

量子信息科技包括量子通信、量子计算和量子测量。经过20多年的努力,我国在量子科技领域整体上已经实现了从跟跑、并跑到部分领跑的飞跃发展。总体而言，我国在量子通信的研究和应用方面处于国际领先地位；在量子计算方面处于国际第一方阵；在量子测量的部分研究方向上处于国际先进水平。

### 4 量子通信为什么很安全？

量子通信使用"量子态"加载信息，通过协议产生密钥。这就像在发送秘密信息时，创建了一个只属于发送者和接收者的神秘钥匙。这种密钥的特别之处在于，它利用了量子的一个神奇特性——量子不可分割且不可复制。这意味着，如果有坏人想窃取我们的秘密，在他们尝试拦截密钥时，就会被发现；而且这种拦截会改变量子态，使得窃取的信息变得杂乱无章。所以，无论多么强大的计算机都不会威胁量子通信的安全。

量子通信是当前量子科技领域发展最成熟的技术。它将量子密钥

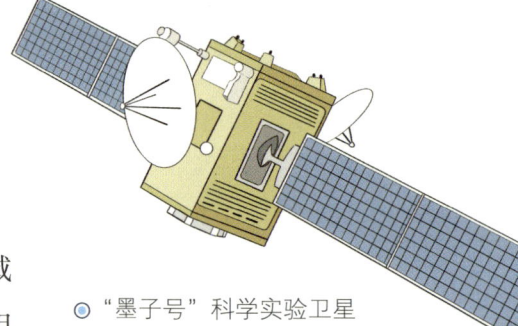

◎"墨子号"科学实验卫星

分发设备与经典光纤相结合，利用光纤构建城域量子通信网络，让各个角落都能相互交流；而中继器是两座城市之间的桥梁，可以使信息在两座城市之间传递；对于那些更远的地方，则可以用卫星来中转传递信息。在量子通信领域，我国的城域、城际量子通信网络技术已初步满足实用化要求，总里程超过10000千米的国家量子骨干网已全线贯通，覆盖了京津冀、长三角、粤港澳等重要区域。此外，我国成功研制并发射了世界首颗量子科学实验卫星"墨子号"，在国际上率先

实现了星地量子通信。之后，我国又发射了世界首颗量子微纳卫星"济南一号"，为构建低成本、实用化的量子通信奠定了基础。

 **5 量子计算机会取代经典计算机吗？**

经典计算机与量子计算机的主要区别在于计算能力和处理问题的方式。

用经典计算机解决问题，就像一个人在迷宫中走路，碰到岔路口时，只能选择其中一条路前进，直到发现此路不通才会重新选择另一条路。量子计算机使用了量子叠加原理，这就像走迷宫的人有无数个分身，每碰到一个岔路口，都会分出去一个去探索其他的路径。量子计算机几乎是同时在走所有路径，这极大地缩短了找到出口的时间。此外，量子计算机并不会告诉你确定的结果，而是告诉你概率是多少，就像天气预报告诉你有70%的概率会下雨一样。

量子计算机在处理复杂问题时，展现了惊人的速度和效率，开启了计算技术的全新时代，但是并不会取代经典计算机。它可以为人工智能、密码分析、气象预报、资源勘探、药物研制等需要大量计算的领域提供解决方案。量子计算机一旦研制成功，将对基于计算复杂度建立的经典信息安全体系带来巨大冲击；不过值得一提的是，量子通信的安全性基于的是物理学原理，与计算复杂度无关，因此即便是量子计算机也无法窃取彼此的信息。

在量子计算领域，目前我国是唯一在光学和超导两种物理体系都达到"量子计算优越性"里程碑的国家，确立了国际量子计算研究第一方阵的地位。我国构建的76光子光量子计算原型机"九章一号"，首

○ "祖冲之二号"超导量子计算原型机内部结构图

次在国际上实现光量子体系的"量子计算优越性",之后的"九章二号"再次提升了国际光量子操纵的技术水平。在超导量子体系,我国先后研发了62比特超导量子计算原型机"祖冲之号"和66比特的"祖冲之二号",在超导量子体系实现了"量子计算优越性"。

○ "祖冲之二号"同款量子计算原型机

◉ "九章二号"光量子计算原型机

##  你知道量子测量吗？

量子状态对时间、位置、加速度、电磁场等物理量非常敏感，量子测量就是利用这一特征实现超越经典技术极限的精密测量。

这种测量技术的神奇之处主要体现在导航和探测两个方面，比如高精度的光频标可以更精确地测量时间；量子陀螺仪可以给汽车、船只提供高灵敏度的导航；原子重力仪可以给城市地下空间"做CT（计算机层析成像）"；量子雷达能够远距离探测物体；等等。

在量子测量领域，我国在国际上首次完成了百公里级的传递实验，即通过自由空间传递时间和频率的信息，且时间传递稳定度达到了令人难以置信的飞秒量级、频率传递稳定度达到国际最优水平。此外，中国研制的光钟精准度非常高，运转70亿年的误差不超过1秒。在量子导航方面，中国研发的原子自旋陀螺仪指标与国外公开报道的最高指标相当；可移动原子重力仪精度接近国际一流水平。

◉ 非视域成像（隔墙观物）系统

# 研学活动

## 研学目标

【知识目标】

结合了解的科学知识，探索量子科学与日常生活的联系，初步了解量子科学领域的基本概念。

【技能目标】

通过观察、聆听、体验等，学会发现、提出和解决问题。

【情感目标】

了解我国量子科学的发展历程，见证科技自立自强，增强文化自信，培养面对挑战不轻易放弃的坚毅品质。

# 研学准备

**1. 确定场所**

了解我们所在城市里与量子科学有关的科研院所或企业的情况。

地点在哪？　距离多远？　取得哪些研究成果？　是否有展厅？　是否对外开放？

**2. 了解交通**

综合考虑距离、安全等因素确定交通工具，并注意以下安全事项：有序上车、系好安全带、不大声喧哗、不把头或手伸出窗外。

**3. 查询天气**

根据天气情况，准备合适的衣物、雨具等。

**4. 准备物品**

记录单、食物、水杯、常备药品、运动鞋等。

**5. 文明礼仪**

研学过程中，自觉遵守各项规章制度，做到文明参观。

# 研学内容

## 一、量子是什么
（所需时间：40分钟）

**我的研学任务**

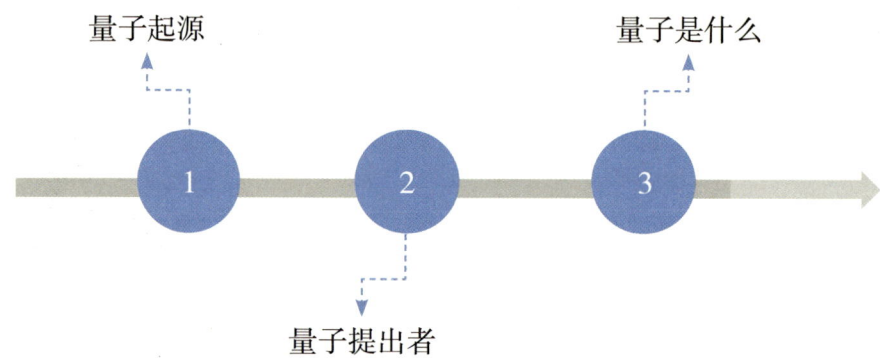

量子是什么呢？我们可以通过有关量子的故事来了解它。

### 1. 量子起源

近代科学可以从伽利略时代算起，直至1900年，这期间，物理学家孜孜不倦地探求自然界的奥秘，开辟了力学、光学、热学、电磁学等多个研究领域，涌现出牛顿、法拉第、麦克斯韦、玻尔等一大批著名的物理学家。

不过，当时很多物理学家认为，物理学的"大厦"已经建成，剩下的不过是在一些偏僻的角落里进行边边角角的修补工作，但19世纪后期，科学家发现很多物理现象无法用经典理论解释。当时，德国物理界正聚焦于黑体辐射问题的研究，著名物理学家普朗克在试图解决黑体辐射问题时，大胆提出了量子假设。

**2. 量子提出者**

1900年，普朗克首次提出能量在传播过程中不是连续的，而是被分成一份一份的，即量子化，这标志着量子论诞生。他认为能量传播必须有一个最小单位——能量子，后来更名为"量子"。他的发现为物理学实现又一次飞跃式发展做出了重要贡献，他也因此在1918年荣获诺贝尔物理学奖。

普朗克打开了量子力学的大门。后来，通过爱因斯坦、玻尔、薛定谔、狄拉克、海森堡等很多位科学家的努力，量子力学被构建起来。

**3. 量子是什么**

量子不是我们所知道的电子、微中子、光子等这些微粒，虽然它们的名称中都带"子"字，但是量子并不是某种具体的粒子。那它是什么呢？举个例子，一束光照射出去，这束光是由无数光子组成的，

光子有能量，是最小的、不可分割的基本单位，所以也称其为光量子。

量子可以被理解为构成物质和能量的基本"建筑材料"，是一个物理量最小的、不可分割的基本单位。

物理量存在最小的、不可分割的基本单位 → 该物理量可量子化 → 量子（该物理量的基本单位）

## 我的研学记录

**1. 我来填。**

（1）被誉为"量子之父"的是 _____ 。

A. 普朗克　　　　　　　　B. 达尔文

（2）量子是用来描述 _____ 世界的物理量。

A. 宏观　　　　　　　　　B. 微观

（3）太阳传递到地球的能量是 _____ 。

A. 连续的　　　　　　　　B. 一份一份的

**2. 我来讲述。**

和同学、家长讲述自己知道的有关量子的故事。

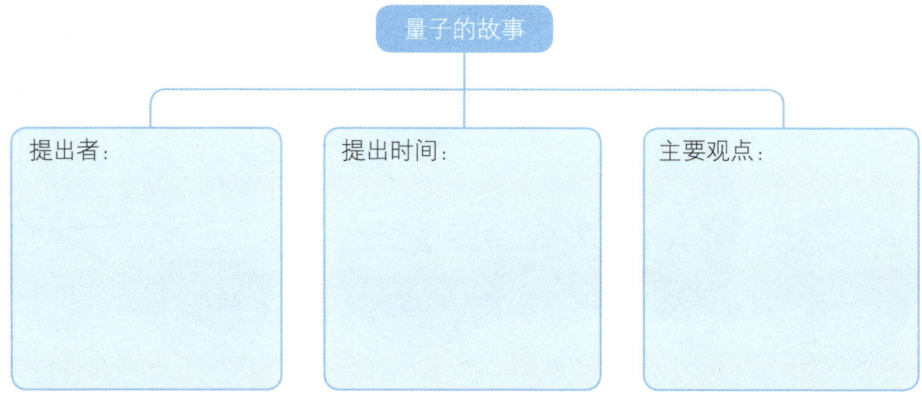

## 二、有趣的量子现象

（所需时间：80分钟）

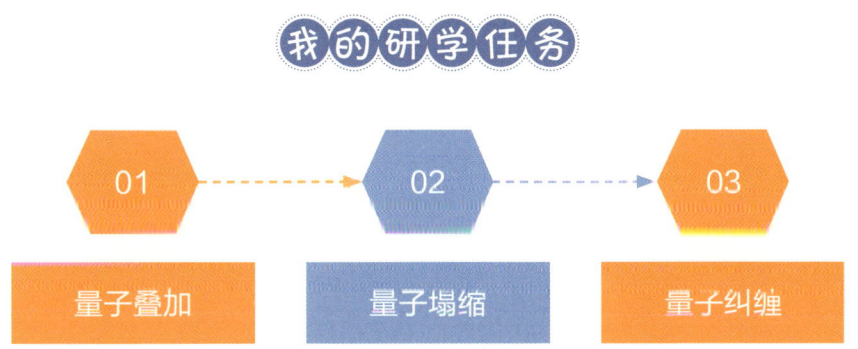

量子有什么特点呢？研学时，请通过直观、有趣的活动来感知、了解量子的特点，并用自己的话进行总结。

### 1. 量子叠加

科学家做了这样一个实验：让银原子通过一个非均匀的磁场，本来预想屏幕上会出现一个黑色的斑点。但是，实验结果出乎意料：屏幕上形成了两条清晰的暗痕。这个实验证明了原子自旋的存在，而且其还处于自旋向上和自旋向下两种状态。

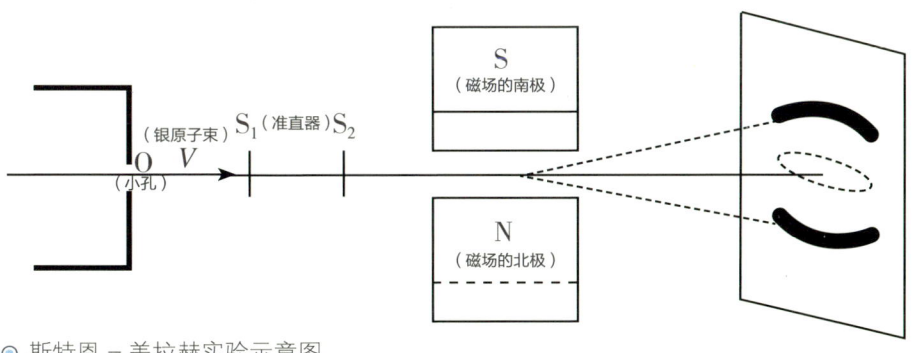

◉ 斯特恩－盖拉赫实验示意图

这和我们看到的宏观世界有很大不同，人类突破这种认识经历了一场思想革命。

（1）思想实验：既死又活的猫

现实世界中，猫要么是活的，要么是死的。量子世界中却出现完全不一样的情况。

物理学家薛定谔提出过一个著名的思想实验：假设将一只猫、一瓶放射性物质、一个粒子探测装置、一把锤子和一瓶有剧毒的氰化物放在一个密闭的空间里。如果放射性物质发生了衰变，就会放射出粒子，此时粒子探测装置会接收到粒子信息，然后发出信号使锤子落下打碎装有氰化物的瓶子，则猫必死无疑；如果放射性物质不发生衰变，没有放射出粒子，锤子就不会落下，装有氰化物的瓶子会完好无损，猫就活着。其中放射性物质发生衰变与不发生衰变的概率都是50%，所以这只猫处于既死又活的状态。

这个思想实验可以帮助我们理解量子世界中一个量子可以处于多种状态的叠加。

（2）发现光具有量子特性的实验

人们很早就知道光沿直线传播，光不能通过不透明的障碍物。但是，科学家在光的干涉实验中发现光通过两条细长的缝隙时，后面的显示屏上居然出现了一组明暗相间的条纹，这说明光具有波的性质。

后来，科学家偶然发现在紫外线灯的照射下，金属锌板会产生电流。这种光电效应说明光具有粒子的性质。随后，爱因斯坦提出了光量子假说，解释光的这两种完全不同的现象，并在后来演化成了波粒二象性。

通过大量的实验，科学家发现光具有量子的特性，同一个光子可以处于不同状态的叠加。

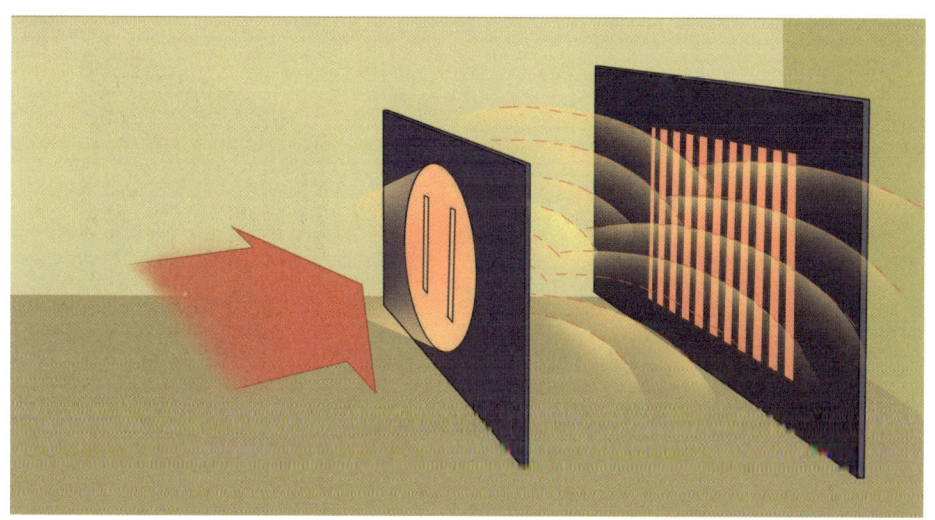

○ 光的干涉实验示意图

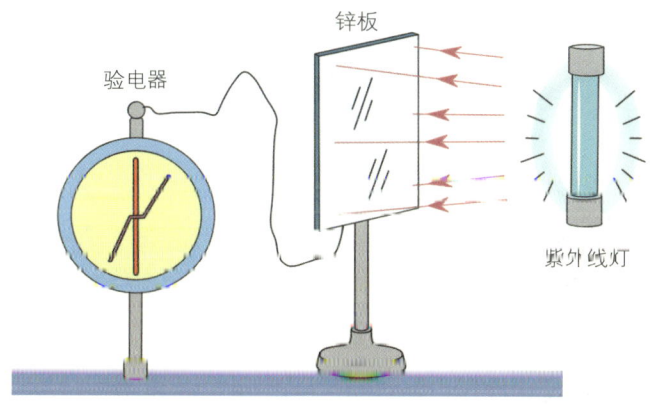

## 2. 量子塌缩

在光的干涉实验中,科学家又改进了实验方法,每次只发射一个光子,让光子逐一通过狭缝,科学家预想的是,显示屏上会出现与双缝对应的两条亮条纹。奇怪的是,经过一段时间,显示屏上又同样出现了干涉条纹。这个实验再次证明光具有量子的特性,它可以同时通过两条缝隙并产生干涉现象。

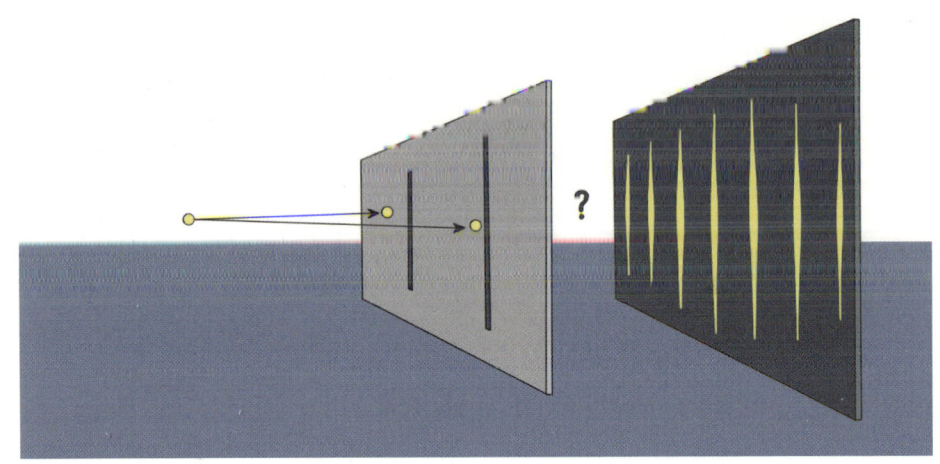

后来，科学家在双缝两边各加装了一个传感器进行观测，却呈现了不一样的实验现象：干涉条纹消失，显示屏上只有两条亮条纹。

同样的实验装置，在用传感器观测时，光就表现出一种确定的状态，这就是光的量子塌缩。量子塌缩就是叠加态的量子被我们观测时，会从多种可能的状态变成一种确定的状态。

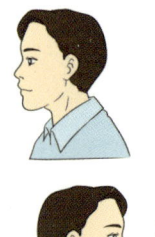

观察前：处于多种状态的叠加

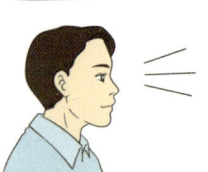

观察时：变成一种确定的状态

### 3. 量子纠缠

你有好朋友吗？你们会在某个时间一起玩，形影不离。其实，量子也有这种有趣的现象：两个或多个量子纠缠在一起，不离不弃。

更神奇的是，处于纠缠状态的量子，即使分开十万八千里，它们之间还是会产生某种关联。比如，处于纠缠状态中的一个量子改变自旋方向，相距遥远的另一个量子也会在瞬间感应并改变自己的自旋方向。

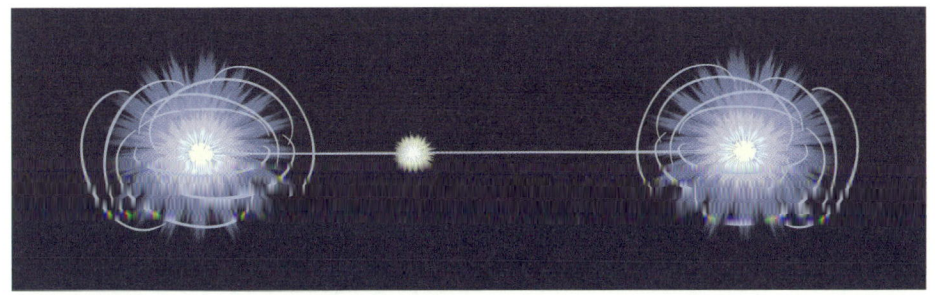

这种现象无法通过经典的物理模型来解释，却是实验观察到的事实。

1. 我知道的微粒有：

2. 我知道的具有量子特征的微粒有（在微粒名称后面的括号内画"√"）：

分子（　　） 原子（　　） 电子（　　） 光子（　　）

3. 我知道的量子特征有：

## 三、量子应用

（所需时间：40分钟）

量子信息技术应用于量子计算、量子通信、量子测量等多个领域。关于这些领域，我们可以做更多的了解。

### 1. 量子计算

量子计算以量子比特为基本单位，通过量子态受控演化实现信息编码和计算存储，具有巨大信息携带量和超强并行计算能力。

中国科学技术大学潘建伟、陆朝阳团队构建的"九章三号"量子计算原型机，能同时操作255个光子进行计算，创造了世界纪录。该量子计算机求解高斯玻色

◎ "祖冲之二号"同款量子计算原型机

取样数学问题的速度，比目前全球最快的经典超级计算机快一亿亿倍。

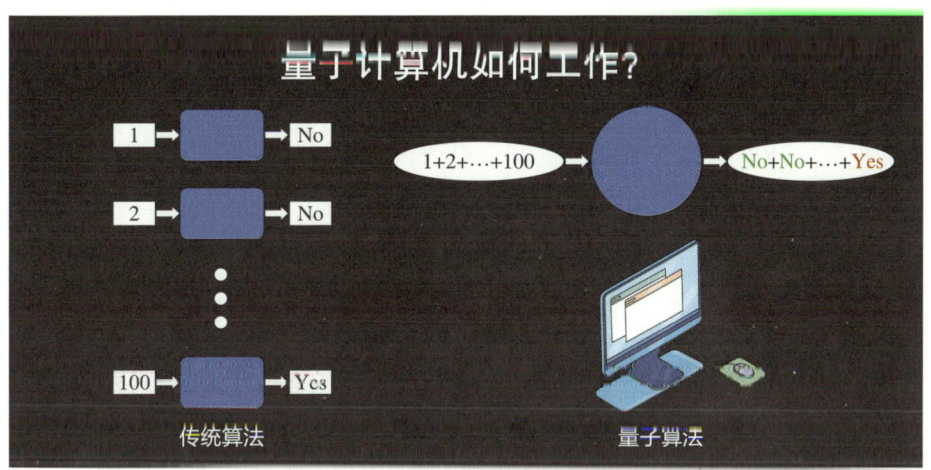

量子计算

大数分解（300 位）
· 万亿次经典计算机：150000 年
· 万亿次量子计算机：1 秒

求解线性方程组（亿亿亿变量）
· 亿亿次经典超级计算机：100 年
· 万亿次量子计算机：0.01 秒

◎ 量子计算机并行计算模拟示意图

## 2. 量子通信

量子通信是利用量子叠加和纠缠效应进行信息传递的新型通信方式，并基于量子力学中的不确定性、测量塌缩和不可克隆三大原理提供了无法被窃听、被破解的绝对安全性保证。通信方式主要分为量子隐形传态和量子密钥分发两种。

> **量子通信：量子隐形传态**
> 利用量子纠缠可以将量子信息传送到另一地点，而不用传送信息载体本身。
>
> **量子通信：量子密钥分发**
>
> 原理上无条件安全的通信方式
> ☑ 只要窃听必然被发现，通信双方无存在窃听风险的密钥 ➡ 确保密钥的安全分发
> ☑ 结合"一次一密" ➡ 加密内容不可破译

中国研发的全球首颗量子通信卫星——"墨子号"科学实验卫星，于2016年8月16日成功发射升空。该卫星以中国古代著名科学家墨子的名字命名，彰显了中国在量子通信领域的深厚底蕴与卓越实力。

2022年，中国科学技术大学潘建伟团队利用"墨子号"科学实验卫星，首次实现了地球上相距1200千米的两个地面站之间的量子态远程传输，向构建全球化量子信息处理和量子通信网络迈出重要一步。

量子通信领域的一个重要应用是量子城域网。量子城域网项目计划为智慧城市、工业大脑、"雪亮工程"提供服务，全面升级原有网络的安全防护能力，同时与云计算、大数据等技术相结合，提供量子安全云等产品，为政务、金融、能源、国防等机构服务，这些机构往往具备高等级的安全需求。

2022年9月，安徽合肥量子城域网正式开通，量子密钥分发网络光纤全长1147千米，成为目前国内规模最大、用户最多、应用最全的量子保密通信城域网。

### 3. 量子测量

量子测量是利用量子态对环境的高度敏感，可以对时间、位置、加速度、电磁场等物理量实现超越经典技术极限的精密测量。量子测量的主要应用包括高精度光频标与时间频率传递、量子陀螺仪、原子重力仪等量子导航技术，量子雷达、痕量原子示踪、弱磁场探测等量子灵敏探测技术等。

2018年，第26届国际计量大会正式通过决议，从2019年开始实施新的国际单位定义，从实物计量标准转向量子计量标准，这标志着精密测量开始进入量子时代。

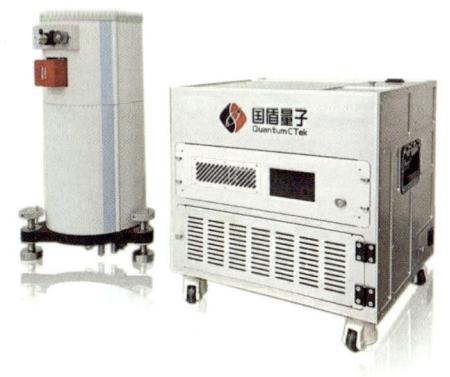

## 我的研学记录

比较量子计算机和经典计算机的不同。

| 机器类别 | 量子计算机 | 经典计算机 |
|---|---|---|
| 机器图片 | | |
| 信息单位 | 量子比特 | 比特（0 和 1） |
| 工作原理 | 基于量子力学（量子叠加、量子纠缠）的原理 | 基于冯·诺依曼存储程序和程序控制原理 |
| 硬件 | | |
| 计算速度 | | |
| 稳定性 | | |
| 适用领域 | | |

我还发现了量子计算机的其他优点：

我还发现了量子计算机的不足：

# 研学评价

| 评价内容 | 评价等级 | | | 评价主体 | | |
|---|---|---|---|---|---|---|
| | ☆ | ☆☆ | ☆☆☆ | 自主评价 | 家长评价 | 导师评价 |
| 研学准备 | 简单地查阅了一些资料 | 查阅较多资料，对研学任务有初步了解 | 查阅大量资料，对研学任务充分了解，并制订了详细的研学计划或路线 | | | |
| 研学过程 | 参与了部分研学过程，基本完成研学任务 | 全程参与研学过程，较好地完成研学任务 | 全程认真听研学导师讲解并积极参与互动，团队合作良好 | | | |
| 研学记录 | 有简单的研学记录 | 记录较完整，书写规范，复述知识点正确率较高 | 记录完整、详细、美观，复述知识点正确率高 | | | |

# 实践园地

## 科大国盾量子技术股份有限公司
### 合肥市科普教育基地

科大国盾量子技术股份有限公司有一个产业化成果展厅，该展厅总面积达560平方米，展品有30多件，主要展品有我国首次实现量子计算优越性的"九章一号"光量子计算原型机仿真模型、以176比特接入量子计算云平台的"祖冲之二号"同款超导量子计算机、星地一体世界首颗"墨子号"科学实验卫星，以及合肥量子城域网总控中心。

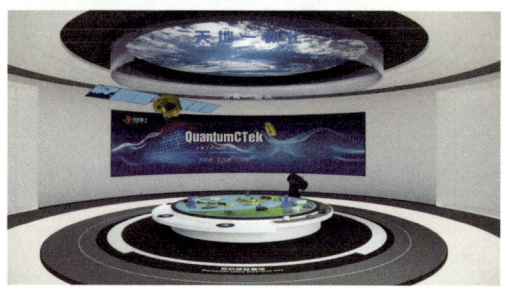

此外，该公司还建设了量子体验馆、开设了量子科普讲座课堂。通过量子科普讲堂、互动展品、实物展示和模拟实验，参观者可以亲身体验奇妙的量子世界。

地址：合肥市高新区华佗巷777号科大国盾量子科技园

# 「人造太阳」

人类文明的进步离不开科技创新的支撑,人类的生存发展离不开能源,而能源的永续利用离不开科技进步。核聚变能研究工作为人类在选择未来能源方面开辟了一条光明的道路。而在核聚变能开发中,又是中国人在发挥重要的领跑作用。

# 知识园地

 **什么是"人造太阳"？**

太阳就像一颗巨大的火球，它的内部持续进行着核聚变反应，源源不断地散发着光和热。尽管地球接收的能量，只有太阳发出的总能量的二十二亿分之一，但这已经能满足地球上万物生长的需求。受到太阳的启发，科学家制造出了氢弹。氢弹爆炸时的威力非常大，会产生巨大的冲击波、高温火焰和致命的辐射，这些都会对人类健康和环境造成极大的破坏。

科学家希望控制核聚变反应，使其成为一种安全、清洁的能源，就像太阳一样，为我们的生活带来光明和温暖。因此"人造太阳"诞生了，它是一种叫作核聚变反应堆的装置，通过可控的核聚变反应产生源源不断的电能，再将电能输送给千家万户。这种技术有望为人类提供清洁、安全、几乎无尽的能源，从而彻底解决能源短缺和环境污染等全球性问题。

 **为什么建造"人造太阳"？**

现在我们使用的能源主要是煤、石油和天然气，这些能源都是由亿万年前的植物和动物演变而来，所以被称为不可再生能源。如果我们找不到可替代的能源，就会面临严重的能源危机。目前科学家开发了各种新能源，比如太阳能、风能、海洋能、地热能、核聚变能，等等。

其中，核聚变能是一种能量足够大、原料足够多的新能源。它的原料来自海水，我们拿两个矿泉水瓶就能装1升海水，虽然从中只能提取0.03克核聚变燃料，但是这一点点核聚变燃料产生的能量相当于300升汽油完全燃烧释放的能量，足够让一辆普通汽车行驶约3000千米。可以说，有了"人造太阳"，我们基本能实现能源自由。

##  怎么建造"人造太阳"？

建造"人造太阳"需要创造一个高达上亿摄氏度的极端环境，但是温度如此高的物质没办法用任何材料直接盛装。于是科学家设计了一种可以产生极强磁场的装置，用磁场作为容器，帮助"人造太阳"在地球上安家落户。

这个装置就是大名鼎鼎的托卡马克。它的核心是一个巨大的真空室，通过往外部电磁线圈中输入超大电流，从而产生超强磁场。这个磁场可以让上亿摄氏度的高温核聚变燃料稳稳地悬浮在真空室中，避免与真空室的器壁接触。一旦核聚变燃料达到足够的温度和密度，就会产生核聚变反应，释放巨大的能量。普通导体不能长时间耐受大电流，所以科学家用超导材料制作电磁线圈，并将其浸泡在-269℃的液氦中，从而实现长时间的稳定工作。

◎ 托卡马克内壁图

### 4. 你知道"人造太阳"在中国的发展历程吗？

自20世纪70年代开始，我国相继建造并运行了一系列托卡马克装置，比如中国科学院物理研究所的CT-6、中国科学技术大学的KT-5，以及中国科学院等离子体物理研究所的HT系列和核工业西南物理研究院的HL系列。其中，中国科学院等离子体物理研究所的EAST（"东方超环"）和核工业西南物理研究院的HL-3（"中国环流三号"）是非常值得关注的两大装置。

2006年，世界首台全超导非圆形截面托卡马克EAST建成并创下了多项世界纪录。比如在2021年，它已经实现1.2亿摄氏度下运行101秒，1.6亿摄氏度下运行20秒，以及7000万摄氏度下运行1056.7秒的纪录；2023年，EAST又实现了403秒稳态长脉冲高约束模式等离子运行，创造了托卡马克装置高约束模式运行新的世界纪录。

◉ 世界首台全超导非圆形截面托卡马克核聚变实验装置 EAST

2020年，我国又建成了 HL 系列的第三代装置——"中国环流三号"，这也是目前我国设计参数最高、规模最大的核聚变大科学装置。2023年8月，"中国环流三号"成功实现了100万安培等离子体电流下的高约束模式运行。

###  "人造太阳"的优势与建造挑战是什么？

与核裂变不同，核聚变反应不会产生长期和高水平的核辐射以及放射性废料，对人类和环境来说都是非常安全的。此外，核聚变反应产生的主要副产品是氦气，这是一种惰性气体，不会对环境造成污染。从资源的角度来看，核聚变所需的燃料，如氘，可以从海水中提取，这意味着核聚变能源几乎是无限的。在效率上，核聚变反应的能量转换效率非常高，理论上比传统化石燃料和核裂变都要高得多。所以，"人造太阳"是一种安全、环保、取之不尽、能量巨大的能源。

但是，"人造太阳"的实现过程面临很多挑战，比如1亿摄氏度的超高温、-269℃的超低温、比家用电高1000倍的超大电流、比地磁场强10万倍的超强磁场、比大气压稀薄百亿倍的超高真空……这意味着科学家不仅要发明新材料来承载超高温物质，还需要研究新技术来维持等离子体稳定运行、精准控制超强磁场。这些都需要投入大量的人力、物力、财力和时间。

## 6 "人造太阳"能给我们带来哪些福利？

在未来，"人造太阳"将给世界带来巨大而深远的改变。

从能源角度来看，它将彻底消除人类的能源危机。我们再也不用担心电力短缺或停电啦！有了充足的电能，电动汽车会更普及，电动汽车的车主也不用再为续航时间短感到焦虑。

对于工业和农业生产来说，充足的能源能够实现大规模生产，既降低成本又提高效率，还会减少工业对环境的破坏。"人造太阳"会催生新农业模式与技术，推进农业现代化，农作物产量和质量都会提高，食物供应也会更加稳定和丰富。说不定，它还能解决全球的粮食短缺问题呢！

人们的日常生活也会有很多变化。家庭智能设备会更普及，生活会更方便、舒适，城市的基础设施会更完善、先进，公共服务也会更高效、优质。这样一来，人们就有更多的时间去追求自己的兴趣爱好和精神生活，社会文化也会更加繁荣。

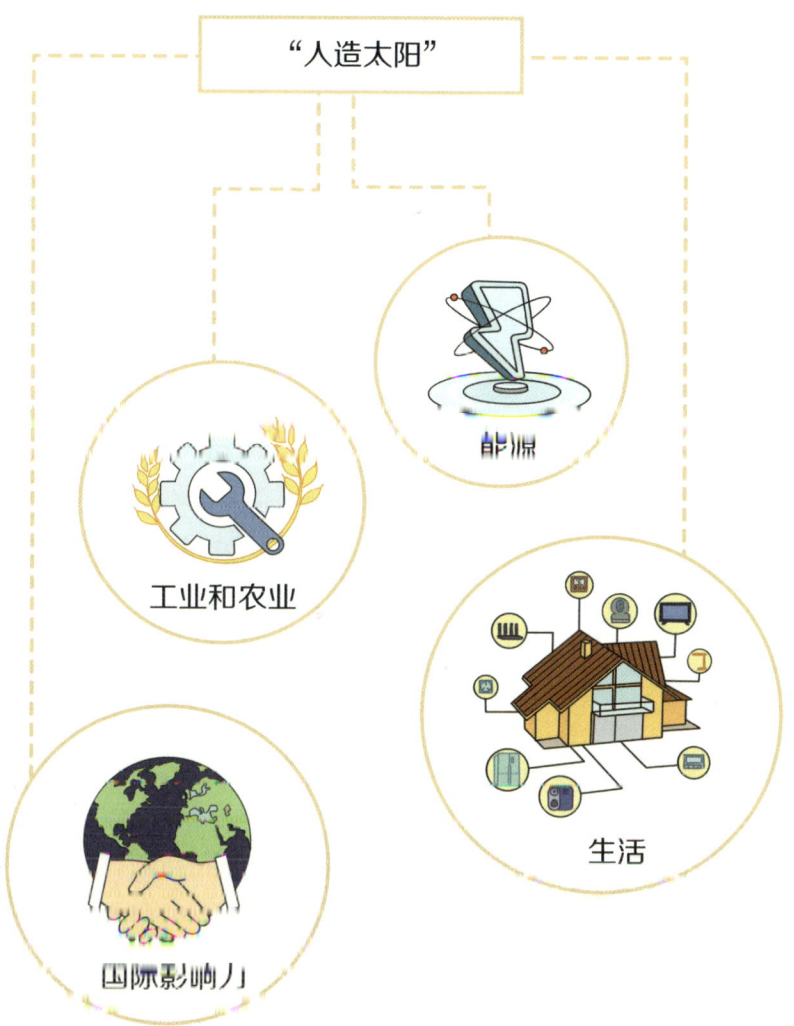

　　此外,"人造太阳"还会影响全球政治格局。拥有这项技术的国家将拥有更大的话语权和影响力,国际合作和竞争也会围绕这个话题展开,能源格局会因此重塑,能源的分配和利用会更加公平合理。

# 研学活动

## 研学目标

**【知识目标】**

了解能源、"人造太阳"的基本概念,以及建造"人造太阳"的意义及发展历程。

**【技能目标】**

从对具体事物、具体现象的观察中发现和提出问题,并能通过观察、调查、实验等方式解决问题,培养解决问题的能力。

**【情感目标】**

感受核聚变研究团队"甘于奉献、团结协作、锐意进取、争创一流"的大科学团队精神,认识到高精尖科技的发展需要一代又一代人坚持不懈地探索、研究。

# 研学准备

**1. 确定场所**

了解我们所在城市里与"人造太阳"有关的科研院所的情况。

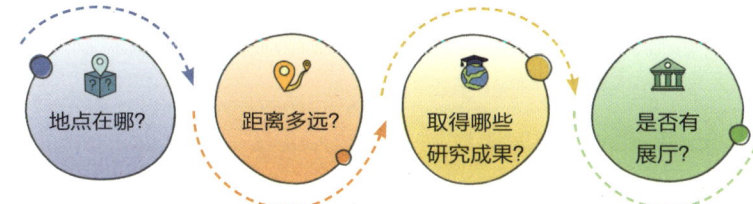

地点在哪？　距离多远？　取得哪些研究成果？　是否有展厅？　是否对外开放？

**2. 了解交通**

综合考虑距离、安全等因素确定交通工具，并注意以下安全事项：有序上车、系好安全带、不大声喧哗、不把头或手伸出窗外。

**3. 查询天气**

根据天气情况，准备合适的衣物、雨具等。

**4. 准备物品**

记录单、食物、水杯、常备药品、运动鞋等。

**5. 文明礼仪**

研学过程中，自觉遵守各项规章制度，做到文明参观。

# 研学内容

## 一、我知道的"人造太阳"
（所需时间：40分钟）

### 我的研学任务

基于自己的认知经验和前期查阅的资料，结合现场观摩情况和研学导师的讲解，知道太阳的特点，并对"人造太阳"有初步了解。

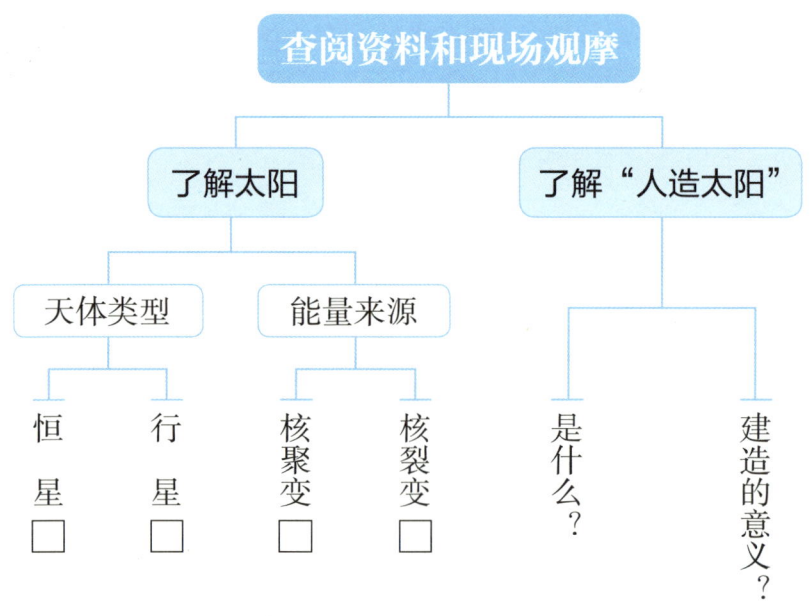

（在自己认为是正确答案的□中画"√"）

## 我的研学记录

**1.** 煤、石油、天然气等在地下要经过漫长而复杂的地质变化才能形成,使用后蕴藏量不断_____(选填"增加""减少"),被称为_____(选填"可再生能源""不可再生能源")。一定的时空范围内,自然资源都是有限的,特别是不可再生能源。

**2.** "人造太阳"是指一种在地球上建造的,模拟太阳内部_____(选填"核聚变""核裂变")反应过程的装置。它的核心目标是通过_____(选填"可控""不可控")的核聚变反应,释放巨大的能量,为人类社会提供一种便捷、清洁的能源。

**3.** 可控核聚变的三个条件:

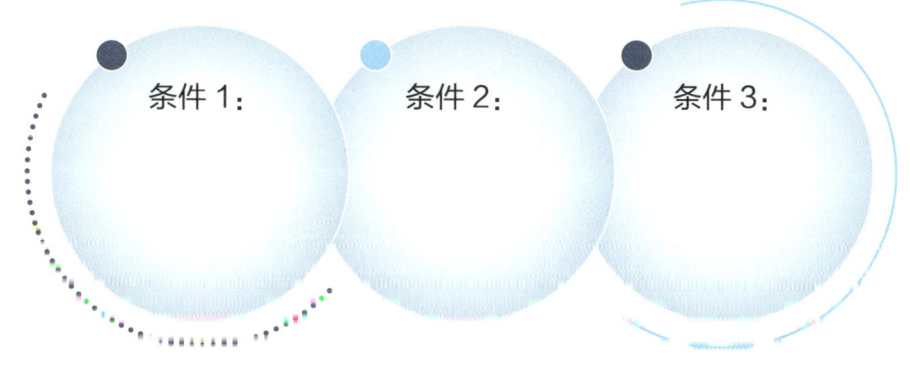

条件1：　　　　条件2：　　　　条件3：

**4.** 建造"人造太阳",需要创造一个_____(选填"1500万""上亿")摄氏度的极端环境。于是,科学家设计了_____装置,它是一种环形磁约束设备,用于实现可控_____(选填"核聚变""核裂变")反应,模拟太阳的能量生成过程。

## 二、我知道的"人造太阳"的特点

（所需时间：60分钟）

### 我的研学任务

我们将通过模拟实验来探索"人造太阳"的奥秘。研学导师会引导我们安全、仔细地探索"人造太阳"的特点。

实验完成后，请尝试自己组织语言，总结所学到的内容。

**模拟实验**：通过"等离子体光剑"实验了解等离子体

**实验准备**：辉光球（等离子体球）、日光灯管。

**实验内容：**

❶ 将辉光球连接电源，通电后，观察辉光球工作时的状态。

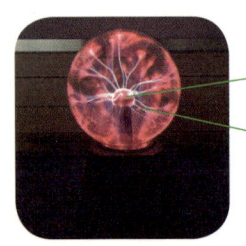

——球状电极
——稀薄气体

物质通过持续加热或加入电场的方式被激发到高能状态时，就会有别于固态、液态、气态，成为物质第四态——等离子体态。（等离子体态与普通的固、液、气三态的最大区别就是微观上每一个粒子都是带电的）

# "人造太阳"

❷ 用手指轻轻触碰球体，观察发生的现象（在研学导师的指引下，安全、规范地进行操作）。

球壳通过人体与大地连接，大量的电场在手触碰的位置聚集，从而形成一道非常明亮的光线。

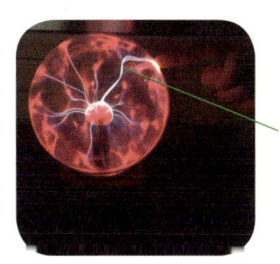

产生一道明亮光线

❸ 将日光灯管靠近工作中的辉光球，观察发生的现象（在研学导师的指引下，安全、规范地进行操作）。

日光灯管被点亮是因为灯管内部充满着稀薄的水银蒸气，水银蒸气通过等离子体球的激发，被电离成等离子体，等离子体撞击灯管表面的荧光涂层，从而发出白色的光。

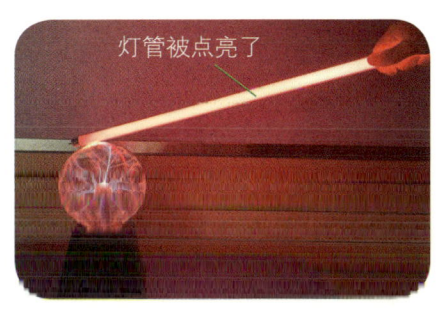

灯管被点亮了

这个实验表明：虽然我们在日常生活中直接接触等离子体的机会相对较少，但它并不是一种稀有状态。可控核聚变中，极高温度下的物质也是等离子体。

等离子体：一种离子化的气体，由部分电子被剥夺后的原子及原子团被电离后产生的正负离子组成。在宇宙中，99%以上的物质都是等离子体，其形态在恒星内部、星际空间中普遍存在。人们也可以观察到等离子体现象，如闪电等。

为了创造上亿摄氏度的极端环境,科学家在"东方超环"装置中,巧妙地运用了强磁场困住高温物质。该装置通过超大电流电磁线圈产生强

大的磁场,使核聚变燃料在真空室内保持悬浮状态。持续的核聚变反应需要不断输入超大电流,因此要使用超导材料制作电磁线圈,并使其浸泡在极低温的液氦中以保持稳定。

### 我的研学记录

**1.** 我知道物质的状态有:

① ②
③ ④

**2.** 我知道有关"人造太阳"的名词概念:

① ② ③

**3.** 在"东方超环"中,超强磁场需要超导磁体来产生,而超导材料需要在 _____ (选填"极高""极低")的温度下才能表现出超导特性,所以科学家借助 _____ 这样的冷却剂,实现了低温超导技术,

极大地减少了能量损失，提高了"人造太阳"的运行效率。

**4.** 我知道了"东方超环"的五大极限挑战：

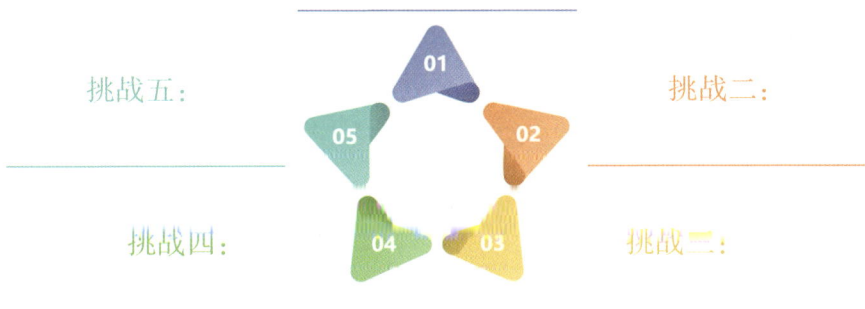

挑战一：_____

挑战五：_____   挑战二：_____

挑战四：_____   挑战三：_____

**5.** 上面这些挑战让建造"东方超环"充满困难，但科学家从不退缩，一直不断创新、努力突破。

科研人员拆分"东方超环"装置的低杂波天线真空室，以便进行改造

科研人员对"东方超环"装置内部进行升级改造

我内心的感受：_____

## 三、参观"人造太阳"

（所需时间：40分钟）

### 我的研学任务

"人造太阳"是什么样子的？"人造太阳"与传统能源相比，有什么优势，它会取代传统能源吗？

看　观察"人造太阳"外形特点　01

听　听科普讲解员介绍　02

操作　模拟温室效应　03

**模拟实验**：温室效应

**实验准备**：一个透明的塑料密封袋、两支型号相同的温度计、一块秒表。

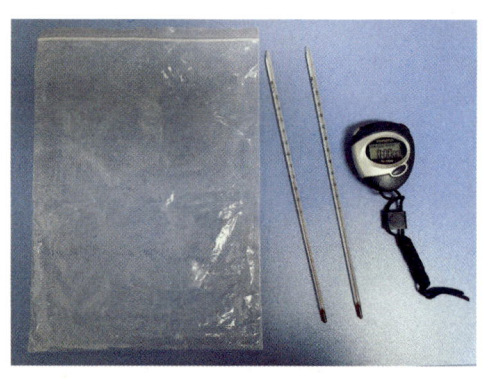

## "人造太阳"

**实验内容：**

❶ 将一支温度计装入密封袋内，封好袋口。

❷ 将装入密封袋的温度计和另一支温度计并排同时放置在阳光下，按照下表的时间间隔观察两支温度计的读数变化；同时，将观察到的数据记录下来。

| 时间 | 密封袋内（℃） | 密封袋外（℃） | 我的看法 |
|---|---|---|---|
| 初始温度 |  |  |  |
| 1分钟 |  |  |  |
| 2分钟 |  |  |  |
| 3分钟 |  |  |  |
| 4分钟 |  |  |  |
| 5分钟 |  |  |  |

❸ 观察、比较密封袋内外温度升高情况，了解哪支温度计所在的环境温度上升快。

> 煤、石油、天然气所产生的温室气体会像塑料密封袋那样，既能让阳光的热量进入地球大气层，又能阻止一部分热量散发，从而引发温室效应。温室效应本身是一种自然存在的现象，即使不使用化石燃料等能源也会存在。然而人类活动，特别是化石燃料的燃烧和森林砍伐会导致温室效应增强，加剧全球变暖和气候变化的进程。

## 我的研学记录

**1.** 比较"人造太阳"和传统能源的区别，了解"人造太阳"的优势。

| 能源特征 | "人造太阳"<br>（核聚变能源） | 传统能源<br>（主要指煤、石油、天然气） |
|---|---|---|
| 可持续性 | 使用的主要燃料是氘和氚，其中氘可以从_____（选填"空气""海水"）中提取，几乎是无尽的 | 化石燃料是_____（选填"有限""无限"）的自然资源，在开采和使用过程中会逐渐枯竭 |
| 清洁环保 | 核聚变反应产生的是氦气，一种_____（选填"有害""无害"）的气体，不产生温室气体或其他污染物 | 燃烧化石燃料会产生大量的温室气体和其他污染物，_____（选填"会""不会"）对环境和人类健康造成严重影响 |
| 能源效率 | 核聚变反应释放的能量_____（选填"极大""极小"），理论上可以高效转换为电能 | 化石燃料的能源转换效率相对较_____（选填"高""低"），大量能量在转换过程中损失 |
| 经济效益 | 虽然初期投资大，但从长远来看，原料成本极_____（选填"高""低"），且维护成本相对较_____（选填"高""低"） | 随着资源的减少，成本逐渐_____（选填"上升""降低"），且因对环境造成破坏也增加了额外的经济负担 |
| 适用领域 |  |  |

我还发现了"人造太阳"装置的其他优点：

我还发现了"人造太阳"装置的不足：

**2. 我来讲述。**

（1）向同学、家长讲述自己所了解到的中国科学院等离子体物理研究所研制的历代"人造太阳"装置的基本情况。

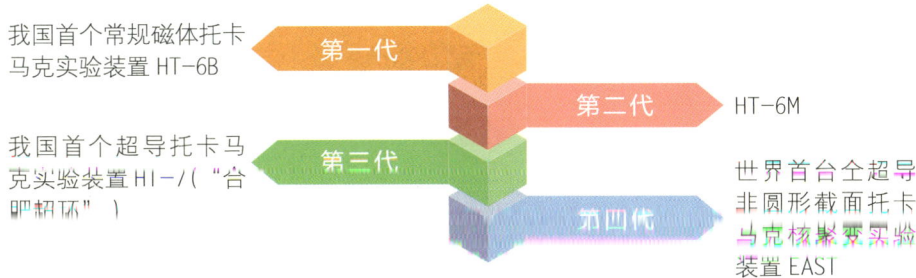

（2）"人造太阳"装置的不断改进，凝结着历代科学家的智慧结晶，也充分体现了中国科学院等离子体物理研究所控制大厅一楼墙上所展示的核聚变大科学团队精神：

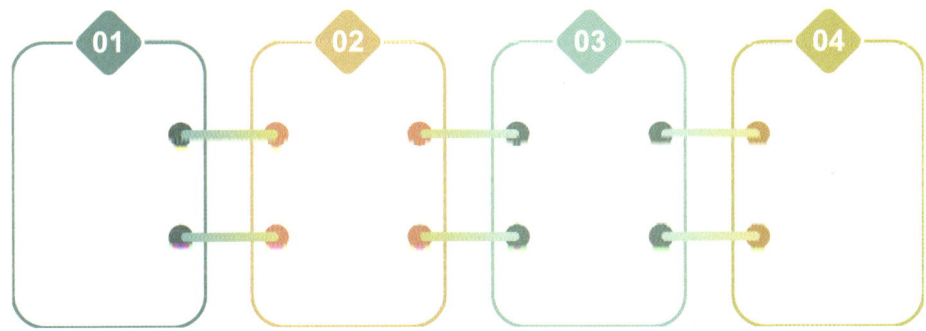

## 四、未来的"人造太阳"

（所需时间：40分钟）

### 我的研学任务

国际热核聚变实验堆计划，简称"ITER"计划，是当今世界上规模最大、影响深远的验证核聚变发电可行性的重大国际合作项目。中国于2006年加入了此计划。

我长大了想在"人造太阳"的_____等方面做出贡献。

### 我的研学记录

1. 我的预测。

目前，"人造太阳"正处在迅速发展的过程中，它所涉及的科学技术，已经应用到医疗技术、清洁能源、材料科学、信息科技等方面。未来，

# "人造太阳"

它还会应用在哪些方面呢？

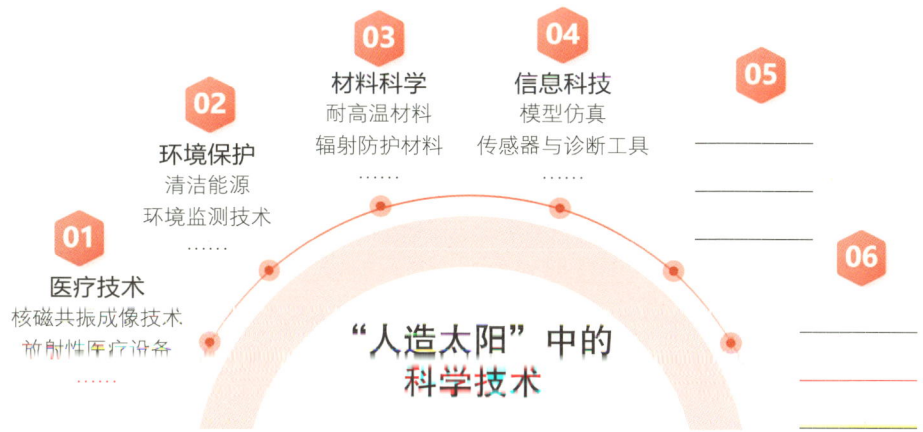

"人造太阳"中的**科学技术**

01 医疗技术
核磁共振成像技术
放射性医疗设备
……

02 环境保护
清洁能源
环境监测技术
……

03 材料科学
耐高温材料
辐射防护材料

04 信息科技
模型仿真
传感器与诊断工具

05

06

**2. 我要设计未来的"人造太阳"。**

通过研学之旅，我们收获了很多有关"人造太阳"的知识，也了解到中国科学院等离子体物理研究所研制的四代托卡马克装置。

○ 第一代 HT-6B
可以产生等离子体
运行温度可达300万摄氏度

○ 第二代 HT-6M
等离子体运行时长120毫秒
运行温度可达600万摄氏度

○ 第四代 EAST
实现403秒稳态长脉冲高约束模式等离子体运行
运行温度可达1.2亿摄氏度

○ 第三代 HT-7
等离子体运行时长400秒
运行温度可达1200万摄氏度

想象一下,如果自己未来是一位科学家,会如何设计"人造太阳"呢?

# 研学评价

| 评价项目 | 评价标准 | | 评价结果<br>优秀　良好　中等 |
|---|---|---|---|
| 时间观念 | 守时<br>出勤 | 能否按时集合、参观、乘车<br>能否按规定出勤 | |
| 专注学习 | 学习态度<br>学习准备<br>学习过程<br>合作学习<br>小组交流<br>学习收获 | 学习态度是否端正<br>学习准备是否充足<br>能否及时记录<br>能否积极与组内成员合作学习<br>能否与他人交流分享<br>学习成果呈现是否准确 | |
| 纪律意识 | 服从管理<br>听从指挥<br>规范参观 | 能否服从组长管理<br>能否听从老师指挥<br>能否按照安排有序参观 | |
| 文明礼仪 | 乘车<br>参观<br>礼仪<br>交往 | 能否文明乘车<br>能否文明参观<br>能否注重礼仪规范<br>能否与他人文明交往 | |
| 团队意识 | 组织<br>交流<br>互助<br>和谐 | 团队能否组织有效的小组活动<br>团队内是否进行了有效的交流<br>团队内是否进行了有效的互助<br>能否营造和谐的团队氛围 | |

# 实践园地

## 中国科学院等离子体物理研究所
**国家级科普教育基地**

　　中国科学院等离子体物理研究所是中国重要的核聚变研究基地之一，也是世界实验室在中国设立的核聚变研究中心。该所拥有世界首台全超导非圆形截面托卡马克核聚变实验装置 EAST，在磁约束核聚变研究领域处于国际先进水平。实验成果多次刷新由其保持的世界纪录，获得了一系列国际先进或独具特色的成果，荣获多项国家科学技术进步奖及国家科研重要奖项。

地址：合肥市蜀山区蜀山湖路 350 号

# 公共安全

民以安为乐,国以安为兴。公共安全连着千家万户,关系到人民幸福、社会安定、国家安全。我们每一个人,既是公共安全研究保护的主要对象,又是维护公共安全的重要力量,我们的参与至关重要。公共安全学科及相关科学技术的使命,就是为了有效预防和应对安全风险,减少突发事件造成的损失,保障社会和自然环境的和谐发展。

# 知识园地

##  1 怎么理解"公共安全"？

简单说来,"公共安全"就是指人、物、社会、自然和谐运转的一种安全状态,而让这种状态突然被破坏的事件,我们就称它为"突发事件"。在我国,突发事件主要分为自然灾害、事故灾难、公共卫生事件和社会安全事件。

自然灾害:我国是一个自然灾害多发的国家。典型的自然灾害如1998年暴发的特大洪水、2008年发生的汶川特大地震,以及2022年长江流域出现的气象干旱等。

事故灾难:主要包括火灾、爆炸、车祸、桥梁坍塌,以及工厂车间里发生的各类意外事故,这些灾难往往会造成大量人员伤亡和财产损失。

公共卫生事件:主要指严重影响公众健康和生命安全的事件,例如2002年暴发的非典疫情,2019年暴发的新冠疫情,以及集体食物中毒、动物疫情等。

社会安全事件:范围非常广泛,例如恐怖袭击、空袭、盗窃、抢劫、绑架等。

公共安全

## "城市生命线安全工程"是如何化解城市风险的？

供热、供水、燃气、桥梁、综合管廊等城市基础设施，每时每刻都在默默为城市运转提供支持，它们被人们亲切地称为"城市生命线"。

城市生命线和我们的生活密不可分。热力和供水为我们提供每天洗澡的热水，电力让我们的房屋灯火通明，燃气使我们能吃上热乎乎的饭菜……这些设施如同人的神经和血管，如果得不到科学的管理和养护，不仅影响正常功能，还会危害城市运行。

然而，管网深埋在地下，桥梁矗立于空中，我们如何能及时感知它们的异常、保证它们正常运转呢？别担心，合肥率先给城市生命线用上了高科技——运用物联网、云计算、大数据等技术手段，打造了一个"聪明"的监控系统，能够时时刻刻监控这些城市生命线的健康

◉ 安徽省城市生命线工程智慧监管平台

073

状态，看到谁"生病"或者"罢工"了，它就会第一时间发出警示，并协同相关部门一起处置，从而有效防范和化解风险。这套"城市生命线安全工程"得到了应急管理部的高度肯定，将它总结为"清华方案·合肥模式"，已经在全国推广。

###  你听说过风洞吗？

清华大学合肥公共安全研究院（以下简称清华合肥院）的巨灾科学中心有一个神秘的洞，洞里忽而骄阳似火，忽而雨雪漫天。这个洞，就叫"风洞"。

简言之，风洞是一个人工造风管道。它的应用领域非常广泛，日常生活中见到或用到的一些物体，比如高耸的火炬塔、风能发电用的扇叶、跨度大而高的立交桥或跨海大桥，还有汽车、船舶、飞机、高速列车等，它们在建造或制造过程中大多需要经历风洞试验。

常见的风洞有气象风洞、航空航天风洞、建筑风洞、汽车风洞等，还有可供滑雪运动员进行气流模拟训练的风洞。而清华合肥院的风洞是目前亚洲规模最大、灾害模拟种类最多的灾害试验装置。

● 清华合肥院风洞里的巨大风扇

在这里，科学家可以模拟实现台风、暴雨、暴雪、高温高湿、冰冻和强日照等各种各样的极端灾害环境，就好似拥有了"天气控制器"，可以随意"点播四季",来做各种试验。比如测试新能源汽车和室外作业机器人在恶劣天气是否能安全运行、应急帐篷等装备是否能抵御强风暴雪,保护人们不受伤害……如此一来,消费者也能购买到合格、安全的产品了。

##  这些安全用电知识,你学会了吗?

随着生活水平的提高,人们用电需求也越来越高,家用电器的种类、数量不断增多,同学们接触电器的机会也越来越频繁,不安全用电现象时有发生。今天我们就来了解下如何安全用电:

学会看安全用电标志。红色标志用来传递禁止、停止的信息,遇到红色标志,就应该严禁触摸;黄色标志警示人们注意危险,如"当心触电""注意安全"等。

正确使用插座。家里的插座内都藏着危险的"小怪兽",千万不要用手或钉子、铁丝等金属物品直接接触插座内部。

避免电器沾水。水可以导电,所以我们要注意不要让电器沾水,比如不要用湿手或湿布接触电器,否则容易触电。

正确处理触电事件。发现有人触电,如果电源离自己比较近,要先切断电源;如果电源比较远或者总开关不容易断电,这时候可以找一些绝缘体,如干的木制品、塑料制品、橡胶制品等,用其将电线从触电者身上挑开。特别提醒:不要直接用手去碰触电者,否则自己也容易触电!

###  家庭防火需要注意哪些要点?

作为学生,除学校外,家是我们生活时间最长的地方。为了保护它免受侵害,我们可以学会并使用一个叫"三清三关"的方法,帮助我们预防家庭火灾。

一清厨房:厨房是家里用火最多的地方。小小的灶台可以烧出许多美味的饭菜,若灶台遇上可燃物,可能会引发严重的火灾,所以我们要及时清理油、纸、布这样的可燃物,让它们远离灶台。除了罐装的油,抽油烟机和燃气灶上的油也不少,记得定期给它们"洗澡",清除上面的油渍。

二清阳台:纸、塑料都是易燃物,一旦遇到小火苗就会迅速燃烧,所以,我们要定期清理这些杂物。当我们长时间外出时,还要记得关紧门窗,防止火星飞入家中。

三清楼道:楼道和楼梯是我们的逃生通道,不能堆放东西,也不能把电动车放在那里充电!只有保持消防通道、安全出口、疏散通道畅通无阻,遇到紧急情况时,我们才可以安全、快速地逃离。

一关燃气:使用完燃气后,要把燃气阀门关紧,还要记得提醒爸爸妈妈定期检查燃气软管有没有老化、脱落、漏气等,经常检查才能防患于未然。

二关电源：家里的电器不用的时候要记得拔掉电源插头，这样可以防止电器过热或发生故障。

三关火源：玩火是非常危险的行为！打火机、酒精炉这些都不是可以玩耍的玩具，我们要把它们放在合适、安全的位置。

###  地震来了，是跑还是躲？

其实，这个问题不能一概而论。因为我们每个人所处的环境、面临的状况不一定相同。一般来说，能跑则跑，不能跑则躲。无论是跑还是躲，都要在瞬间作出决定，千万不可以犹豫不决，以免错过最佳逃生时机。

如果地震发生时我们在室内，除非我们可以在十几秒内迅速跑到户外开阔地带，否则要记住就近躲避！因为地面摇晃得非常剧烈，站立和跑动都很困难，跑动时还可能会摔倒，也可能会撞上四处掉落的物品，这样会更加危险。最好的躲避方式是"伏地、遮挡、手抓牢"。

伏地：蹲下来，尽可能让自己的身体蜷缩起来，这样可以降低重心，避免摔倒。

遮挡：找一个稳固的桌子或其他家具，钻到下面去。用书包、坐垫或双手保护我们的头部和颈部。

手抓牢：抓住身边最坚固

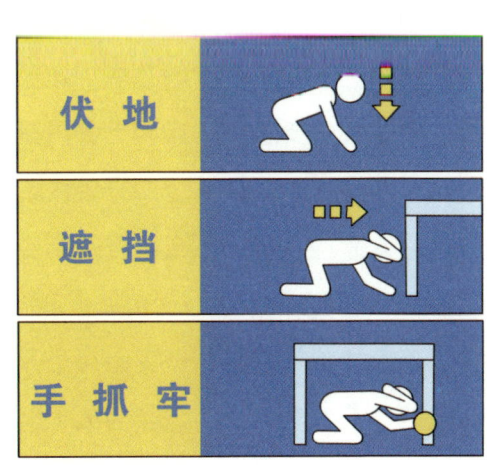

的东西，比如桌腿，地面晃动时可以防止自己被晃倒。

如果地震发生时我们在室外，可以跑到空旷的地方，蹲下或趴下，然后用双手护住头部。同时，我们一定要远离立交桥、大型广告牌、玻璃建筑、电线杆、高压线等物体，从这些物体上掉落的砖块、钢筋、玻璃等可能会砸伤人。记住，每次发生的地震都是不同的，所以没有一成不变的逃生规则，关键是要快速作出决定并尽可能保持冷静。通过学习和练习这些逃生技巧，我们就能在地震来临时，最大限度保护自己和周围的人！

##  "黄金四分钟"指的是什么？

四分钟有多长？也许四分钟只够你听一首歌、读一页书、吃一包零食。但你肯定想不到，四分钟还是能将一个人从死亡线拉回来的黄金时间。在医学急救领域有一个非常重要的概念，叫作"黄金四分钟"。

医学证明，心脏停止跳动超过四分钟，会对大脑组织产生永远不可挽回的伤害，十分钟后基本无法避免脑死亡的悲剧。如果得不到及时救助，即便将病人送到医院救回生命，也可能成为植物人或留下永久性的功能障碍。而以目前的紧急救护速度，从打120急救电话到医护人员抵达，整个过程要想控制在四分钟内是很难的。这时候，如果病人身边有人懂急救知识，能在黄金四分钟内给患者完成高质量的心肺复苏（一种紧急的救命技能），那么也许就能挽救一条生命和一个家庭。

急救不仅要有爱心、信心，更要有知识、技能。学习急救知识并掌握正确的急救技能，是我们每个人应该掌握的一项不可或缺的本领。正所谓"人人学急救，急救为人人"！

##  野外水域有哪些"圈套"?

夏季天气炎热,玩水成了大多数人的首选活动。虽然野外很多区域山清水秀、风景优美,但有水的地方就潜藏着危险。夏季的"头号杀手"——溺水事故,大都发生在野外水域,比如江河、水库、水塘、小溪等。为什么野外水域如此危险呢?

这是因为:第一,野外人员稀少,一旦出现意外情况,很难在第一时间得到救助;第二,有些野外水域的边岸陡峭且布满青苔,非常湿滑,而且岸上杂草、杂物多,容易绊脚,人一不小心就会跌入水中;第三,有些水体表面看起来很平静,但是水面以下暗流涌动,或者存在漩涡,游泳时人很容易被卷走;第四,夏天水面以上的温度一般较高,水面以下的水温则比较低,巨大的温差极易使人出现腿部抽筋等状况,从而发生危险。最后提醒大家,游泳时请选择正规的游泳场馆,千万不要到野外游泳,要把自己的生命安全放在第一位!

# 研学活动

## 研学目标

**【知识目标】**

结合实践园地中的各类展品，了解公共安全的相关知识。

**【技能目标】**

通过观察展品和聆听讲解，尝试发现问题，学习用文字、图画等方式记录所见所闻。

**【情感目标】**

意识到自己与生活中的公共安全息息相关，更加关注火灾、地震、急救等公共安全事件，树立社会小主人翁意识。

公共安全

# 研学准备

**1. 确定场所**
了解我们所在城市里与公共安全有关的科研院所或企业的情况。

 地点在哪？
 距离多远？
 取得哪些研究成果？
 是否有展厅？
 是否对外开放？

**2. 了解交通**
综合考虑距离、安全等因素确定交通工具，并注意以下安全事项：有序上车、系好安全带、不大声喧哗、不把头或手伸出窗外。

**3. 查询天气**
根据天气情况，准备合适的衣物、雨具等。

**4. 准备物品**
记录单、食物、水杯、常备药品、运动鞋等。

**5. 文明礼仪**
研学过程中，自觉遵守各项规章制度，做到文明参观。

# 研学内容

## 一、城市生命线的守护

（所需时间：40分钟）

了解合肥"城市生命线安全工程"。

城市的供水、排水、供热、综合管廊等基础设施，就像人体的神经和血管，是城市运行的动力和生命线。

合肥在全国率先提出并建成"城市生命线安全工程"运行监测系统，有效防范城市基础设施发生安全事故，并探索出以场景应用为依托、以智慧防控为导向、以创新驱动为内核、以市场运作为抓手的城市安全发展新模式。

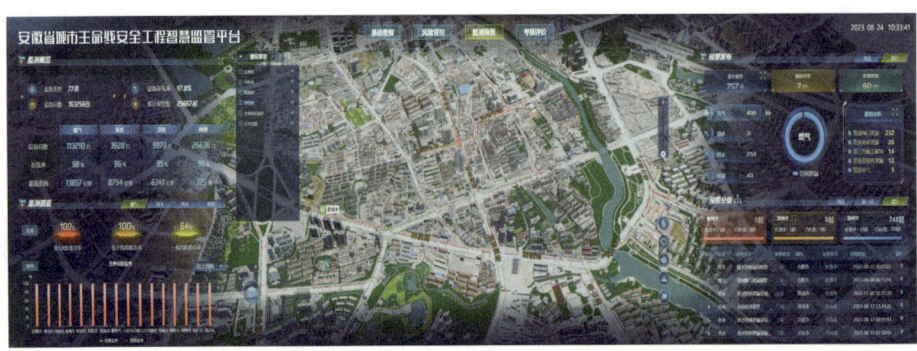

## 公共安全

在清华大学合肥公共安全研究院的"城市生命线安全工程"运行监测中心，巨大的电子屏幕上显示着合肥大街小巷的燃气、供水、桥梁等市政设施的运行状态。工作人员全天候关注着各类数据变化，及时化解"看不见"的城市风险。

目前，这项工程的"合肥做法"已在深圳、成都、武汉等全国60多个城市推广。

### 我的研学记录

1. "城市生命线安全工程"时刻守护着人们的生命安全，它运用物联网、云计算、大数据等技术手段，打造了一双智慧的眼睛——_____（选填"监控系统""网络系统"），能够时时刻刻监控这些城市生命线的_____（选填"健康状况""卫生状况"），看到谁"生病"或者"罢工"了，就第一时间发出警示，并协同相关部门一起处置，从而有效防范和化解风险。

**2.** 为了将城市地下供水管道泄漏这种"看不见"的隐患消除，科学家发明了一种神奇的小球——管道检测球地面标记器，也叫"智能球"。

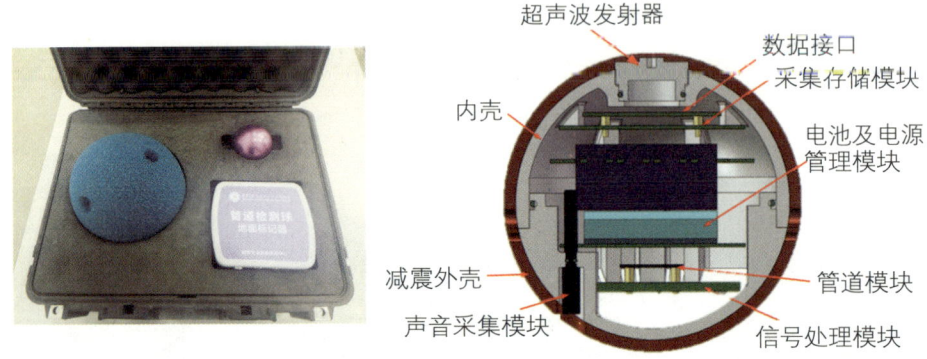

智能球是一种安装有声音传感器的、专门用来检测泄漏点的球体。它在供水管道内部随介质向前移动，当经过泄漏点时，传感器甚至可以清晰地捕捉到极微小泄漏产生的噪声，并对泄漏点进行精确定位，误差可以控制在 2 米以内，同时估算出泄漏量。

请试一试，将下面管道检测步骤进行排序：_____。

❶ 智能球随着介质流动方向滚动

❷ 用机械手臂将智能球从管道排气阀门投至供水管道里

❸ 对泄漏点进行精准定位

❹ 确定管道投放点

❺ 球经过泄漏点能捕捉到极微小泄漏产生的噪声

❻ 回收智能球

❼ 给出检测报告、泄漏点的坐标等

# 二、消防安全靠大家

（所需时间：40分钟）

学习相关的成语故事，感受古人的消防智慧。
认识常见的消防标志，了解这些消防标志的含义。

现代人的消防意识很强，古人的消防意识也不遑多让。"釜底抽薪""曲突徙薪""百尺密室，焚之突隙"等成语，能让我们对古人的消防智慧窥见一斑。研学时，我们可以仔细聆听研学导师所讲述的古今消防故事。

对于生活中常见的消防标志，我们需要了解它们的含义，这些标志通常包括安全色、边框和图像。例如，红色标志通常表示禁止某些行为，黄色标志表示警示火灾或爆炸危险，而绿色标志则表示安全和疏散途径。它们能够提供关键的消防安全信息，指导我们在紧急情况下采取正确的行动，从而保护生命和财产安全。

科里科气 研学合肥

## 我的研学记录

1. 通过研学，我们认识到：流传下来的很多成语，不仅是古人消防智慧的体现，也是对我们今天预防和处理火灾问题的宝贵启示。

请判断下面哪些成语体现了古人的消防智慧，并在对应的□里画"√"。

| 成语 | 是 | 否 |
| --- | --- | --- |
| 抱薪救火 | □ | □ |
| 厝火积薪 | □ | □ |
| 未焚徙薪 | □ | □ |
| 杯水车薪 | □ | □ |
| 远水救不了近火 | □ | □ |

2. 请判断下列哪些行为可能会引发火灾，并在这些行为后面的空格里画"√"。

| 序号 | 行为 | 是否会引发火灾 |
| --- | --- | --- |
| 1 | 躺在床上吸烟 | |
| 2 | 乱丢烟蒂 | |
| 3 | 私拉乱接电线 | |
| 4 | 不让台灯靠近枕头和被褥 | |
| 5 | 随意堆放易燃物品 | |
| 6 | 不携带易燃易爆物品进入公共场所 | |
| 7 | 未经许可在公共场所使用明火 | |
| 8 | 电动自行车违规充电停放 | |
| 9 | 认清消防标志，及时找到消防器材 | |

**3.** 在生活中遇到下图中的场景，我们应该怎么做呢？

工作中的电器上不放遮挡物，以便于电器散热。

**4.** 火灾危险，要防患于未然。为保障家庭消防安全，我们需要做到"三清三关"。请将"三清三关"的内容填到空格中吧。

## 三、应急逃生知多少

（所需时间：30分钟）

### 我的研学任务

了解在不同的生产生活场所可能会发生的危急情况。

了解在发生地震、踩踏和火灾等危急情况时，我们该如何保护自己。

| 场所 | 可能发生的危急情况 | 采取的逃生措施 |
| --- | --- | --- |
| 商场、住宅楼等 | 地震 | 大地晃，桌椅摇，地震危险躲再逃；<br>大震小震有间隔，安全通道到门口。 |
| 人流密集的地方（如楼梯处） | 踩踏 | 要躲：遇人流，远躲开；<br>要离：有拥挤，速离开；<br>要稳：不倒地，要稳住。 |
| 厨房 | 火灾 | 厨房管好火和气，油烟管道常清理；<br>油锅起火不着急，锅盖一压火自熄。 |

### 我的研学记录

**1. 突发火灾的逃生措施。**

遇到突发火灾，我们需要保持冷静，采取合适的措施来保护自己的生命安全。

下表中是遇到火灾时我们可以实施的5项逃生措施。请为逃生措施排序，并在第一列标上序号。

| 序号 | 逃生口诀 | 逃生措施 |
|---|---|---|
|  | 湿毛巾，捂口鼻 |  |
|  | 报警早，损失小 |  |
|  | 不贪财，快疏散 |  |
|  | 走楼梯，禁电梯 |  |
|  | 离现场，勿折返 |  |

2. 我来设计抗震高楼。

为减少地震危害，建筑师设计出了抗震建筑物。

我们也可以用小木棍来制作一个抗震高楼模型。请在纸上试着画一画设计图吧。

小提示：

① 画一画从上面与侧面观察到的造型

上面　　侧面

② 写一写用到的抗震结构

△　三角形更稳定

〜　弹簧可以减震

我的设计图：

## 四、急救知识知多少

（所需时间：30分钟）

了解遇到心脏骤停、气道异物梗阻、中暑、溺水、触电、烧烫伤等紧急情况时，我们该如何应对。

了解"心肺复苏"和"海姆立克"这两种急救方法，知道如何使用"救命神器"AED（自动体外除颤器）。

### 1. 遇到有人心脏骤停的情况时可以使用的急救方法

| | | |
|---|---|---|
| 胸外按压 | 胸外按压 | 双手重叠，掌根部放在患者胸部中央（胸骨中下 $\frac{1}{3}$ 处）；按压频率100～120次/分钟，按压深度5～6厘米。 |
| 开放气道 | 开放气道 | 检查口腔有无异物，如有异物将其取出；以仰头、举下巴的方法开放气道。 |
| 人工呼吸 | 人工呼吸 | 施救者用嘴罩住患者的嘴，用手指捏住患者的鼻翼，吹气2次，每次约1秒，吹气时应见患者的胸廓隆起。 |
| 循环前三个步骤 | 循环前三个步骤 | 循环做30次胸外按压和2次人工呼吸 |
| 电除颤 | 尽快使用电除颤抢救方法 | 使用"救命神器"AED |

## 2. 遇到气道异物梗阻情况时的急救方法

▶ **识别是关键**：发现有人出现了用手紧贴脖子前面、按压喉部、看起来无法呼吸等状况。

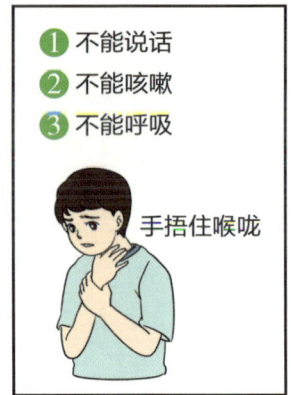

▶ **海姆立克急救法**

当有食物、异物堵住喉咙时，可采取海姆立克手法进行快速、有效的急救。其原理是通过给膈肌下软组织以突然向上的压力，使肺内残留的空气形成气流快速进入气管，从而去除堵在气管内的食物或异物。

（1）急救法（腹部冲击法）

该方法适用于神志清楚的成年人和1岁以上儿童。

第一步：抱。施救者站在患者背后，前腿屈膝后腿蹬直，前腿位于患者两腿之间，用双臂环抱患者腰部；患者取站位，两腿分开，身体前倾，下巴微抬嘴张开。

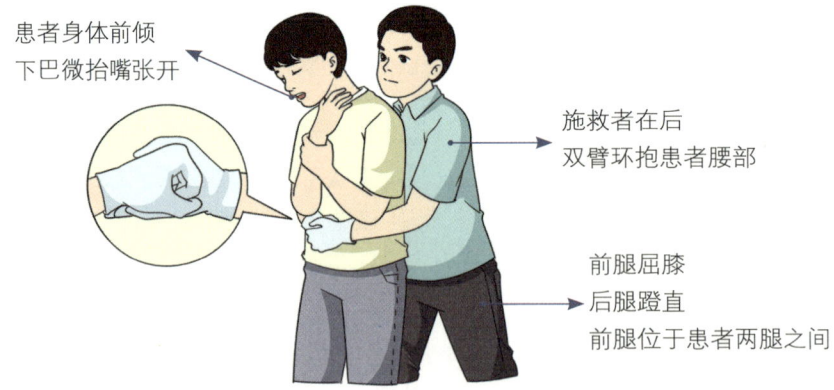

第二步：握。施救者一只手握拳，拇指顶在患者肚脐眼正上方两横指处；另一只手紧握该拳。该步骤采用的手法即为海姆立克手法。

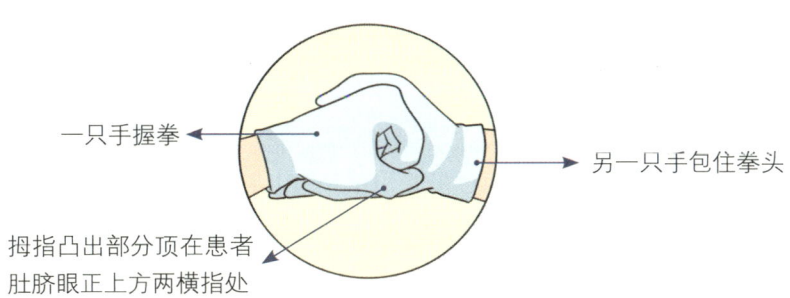

一只手握拳

另一只手包住拳头

拇指凸出部分顶在患者肚脐眼正上方两横指处

第三步：冲。施救者保持上述姿势，用力快速向内、向上冲击患者腹部，反复冲击，直到食物或异物排出。

（2）成人自救法

方法：本人一只手握拳，拇指顶在肚脐眼正上方两横指处，另一只手紧握该拳，用力快速向内、向上冲击腹部（手法与海姆立克手法相同）。如果不成功，本人应迅速弯腰将腹部压在圆钝的椅背、桌沿、护栏或其他硬物上，反复用力冲击腹部，直到食物或异物排出。

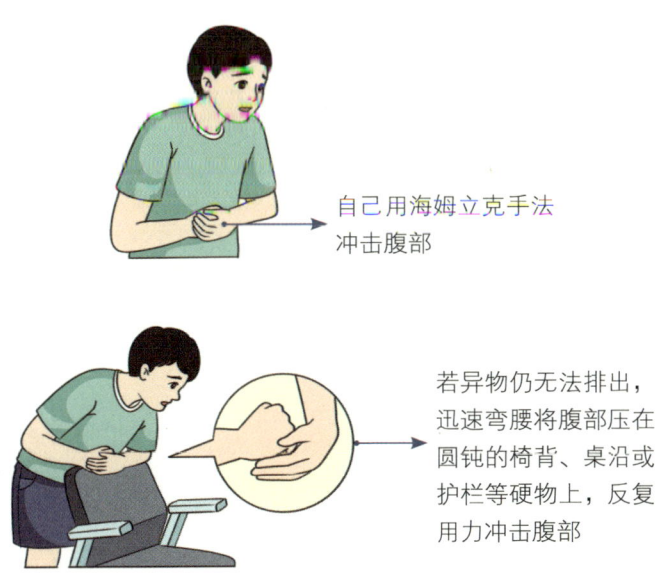

自己用海姆立克手法冲击腹部

若异物仍无法排出，迅速弯腰将腹部压在圆钝的椅背、桌沿或护栏等硬物上，反复用力冲击腹部

## 我的研学记录

**1.** 很多急救方法，在用于不同人群时，会有所不同。通过聆听讲解和查找相关资料，填一填下面的表格。

| 急救方法 | 普通成人 | 特殊人群 |
|---|---|---|
| AED 的使用 | 电极片放置＿＿＿＿＿＿＿＿＿＿＿＿＿＿＿ | 施用于儿童时，电极片放置＿＿＿＿＿＿＿＿＿＿＿＿ |
| 海姆立克急救法 | 按压部位为＿＿＿＿＿＿ | 施用于肥胖人群或孕妇时，按压部位为＿＿＿＿＿＿ |
| 突发高热应急处理 | 成年人发热，体温 39.1℃～＿＿＿＿＿＿为高热，用冰袋物理降温，适当增加饮水量。 | 70 岁以上老年人发热，体温超过＿＿＿＿＿为高热，需重视体温变化并尽快就医。 |

**2.** 在日常生活中，我们经常会遇到有关急救的"经验之谈"和"科学方法"相冲突的情况。试着记录自己的一些发现吧。

| 经验之谈 | 科学方法 |
|---|---|
| 烫伤时涂牙膏、敷冰块。 | 冷水冲洗、去医院、涂抹烫伤膏。 |
| 被鱼刺卡喉时喝醋、吞咽食物缓解。 | 先尝试轻咳，看能不能把鱼刺咳出来；如果不能，须及时前往医院请专业的医生使用镊子取出鱼刺。 |
| 流鼻血时仰头、抬胳膊。 | 身体前倾，微微低头，用手指夹住两侧鼻翼，压迫止血。严重出血者须及时前往医院就医。 |
|  |  |
|  |  |
|  |  |
|  |  |

# 研学评价

| 评价项目 | 评价标准 | | 评价结果<br>优秀　良好　中等 |
|---|---|---|---|
| 时间观念 | 守时<br>出勤 | 能否按时集合、参观、乘车<br>能否按规定出勤 | |
| 专注学习 | 学习态度<br>学习准备<br>学习过程<br>合作学习<br>小组交流<br>学习收获 | 学习态度是否端正<br>学习准备是否充足<br>能否及时记录<br>能否积极与组内成员合作学习<br>能否与他人交流分享<br>学习成果呈现是否准确 | |
| 纪律意识 | 服从管理<br>听从指挥<br>规范参观 | 能否服从组长管理<br>能否听从老师指挥<br>能否按照安排有序参观 | |
| 文明礼仪 | 乘车<br>参观<br>礼仪<br>交往 | 能否文明乘车<br>能否文明参观<br>能否注重礼仪规范<br>能否与他人文明交往 | |
| 团队意识 | 组织<br>交流<br>互助<br>和谐 | 团队能否组织有效的小组活动<br>团队内是否进行了有效的交流<br>团队内是否进行了有效的互助<br>能否营造和谐的团队氛围 | |

# 实践园地

## 清华大学合肥公共安全研究院
### 国家级科普教育基地

清华大学合肥公共安全研究院（以下简称清华合肥院）是清华大学与安徽省合肥市共建的新型产学研用一体化科技创新平台和成果转化基地。目前，清华合肥院在城市生命线安全、消防安全、智能传感、安全新材料、安全文化教育等方面取得了系列创新成果并实现规模化应用；依托巨灾科学中心各大实验平台、城市生态展厅及安全文化体验馆等，已形成较为完善的科研科普设施矩阵。在这里，可以与公共安全实验装置亲密接触，观摩安全科学实验，让"最强大脑"在趣味学习体验中飞速运转，探索巨灾防控的无限可能……

近年来，清华合肥院坚持科研科普两手抓，积极开展安全文化科普教育与培训演练活动，取得了良好的社会效益，现已获评国家级科普教育基地、合肥市科技旅游示范基地、合肥市研学旅行基地等十余项荣誉称号。

地址：合肥市经开区习友路5999号

# 走进超导

超导技术被很多人称为彻底改变人类生活方式的又一次革命,近年来频频冲上新闻热搜。从科学话题走入大众视野,超导究竟隐藏着哪些奥秘呢?让我们一起走进超导世界,探索"明星"超导的那些秘密吧。

# 知识园地

## 1 什么是导体、半导体和超导体？

一般的材料可分为导体与绝缘体。导体是指电阻率较小，能够容易传导电流的材料；而绝缘体几乎不能传导电流；半导体则是在常温下，导电性能介于导体与绝缘体之间的材料。

导体与电路的使用是物理学从蒸汽时代到电气时代的第一次革命；从导体到半导体则是电气时代到科技智能时代的第二次革命；而超导体时代的到来将会带来新的能源大变革，引发第三次革命。

那么，超导体是什么呢？它是指在某一温度以下，兼具绝对零电阻和完全抗磁性两种独立特性的超级导体。超导体的电阻为绝对的零，即电阻完全消失；超导体完全进入超导状态后，会将外磁场完全排出体外。

● 超导悬浮

**为什么家用电器会发热？**

家用电器发热主要是电流热效应引起的，那么什么是电流热效应呢？

电流通过电阻时，在电阻上消耗的电能将全部转化为热能，这种现象称为电流的热效应。

电流的热效应在生活中应用广泛。例如，白炽灯是利用电流产生的热使灯丝达到高温从而发光的；电磁炉、电水壶利用电流产生的热来加热食物、烧水，等等。

然而，对于大多数电器来说，发热会造成能量的损耗，使设备温度升高，加速绝缘材料的老化甚至烧坏设备。

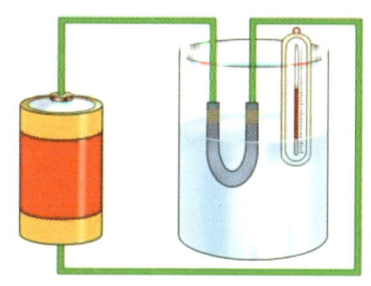
◉ 电流热效应示意图

 **如果将超导体应用到生活中，会让世界发生哪些改变？**

超导体可以彻底改变人类的生活方式。一方面，将超导体应用到电力输送中，能减少能量损耗，提高能源利用率，这对解决能源短缺问题和减少碳排放有重要意义；另一方面，超导体还可用于粒子加速器中，这对研究基本粒子的性质和相互作用、推动粒子物理学的发展具有重要作用。

目前，超导体在日常生活中已经有了应用。在医学领域，我们去医院做核磁共振检查，会使用到超导磁共振成像设备。超导磁共振成像设备利用超导磁体产生的强磁场，可以显著提高成像分辨率和准确性，能帮助医生更准确地诊断病情。在电力传输领域，上海徐家汇地区铺设了一条1.2千米长的超导电缆，从2021年12月正式投入运行以来,已经安全稳定地运行两年多。超导电缆能够显著减少能量损失,提高电力传输效率。

除了以上领域,超导体还在量子计算、磁悬浮轨道交通等领域发挥着重要作用。

○ 超导磁悬浮列车

### 4 你知道中国的超导材料吗?

中华人民共和国成立之初,科研条件十分落后,当时国内也没有与超导相关的研究,直到 20 世纪 70 年代,我国才正式进入超导研究领域。

中国超导研究开创人之一,就是中国超导技术奠基人——赵忠贤院士,他于 1976 年开始在国内开展高温超导研究。1986 ~ 1987 年,他带领团队发现了液氮温区高温超导体,并因这一发现获得了第三世界科学院物理奖,这是中国科学家首获此奖;1989 年,该发现又获得了国家自然科学一等奖。2008 年,赵忠贤院士带领团队发现了一系列 50K(约 -223℃)以上铁基超导体,并创造了 55K(约 -218℃)铁基超导体临界转变温度的世界纪录,这一突破标志着人类发现了新一类的高温超导体,超导技术将可以走向大规模开发应用。

目前,从材料到应用,我国的超导技术频频出新成果。在材料生产方面，超导技术的发展离不开超导材料的生产及应用。2010年之前，全球只有三家第二代高温超导材料供应商，其中两家是美国企业，产品卖得很贵；另外一家是日本企业，产品禁止出口。但是2011年之后，中国企业成功掌握了如何生产超导材料，而且成品率远远超过美国企业。在超导磁体方面，中国科学院等科研机构取得了显著成果，例如成功研制出多个高场超导磁体。这些高场超导磁体的成功研制，不仅展示了中国在超导磁体设计与制造方面的能力，也为中国高场科学仪器研制实现国产化奠定了重要基础。

##  合肥超导知多少？

合肥的三大科创高地——量子信息、核聚变能源、深空探测都离不开超导技术。中国科学技术大学、中国科学院等离子体物理研究所、合肥综合性国家科学中心能源研究院等高校、院所作为科学实验、产品研制的国家队一直奋斗在创新一线。

目前，合肥在超导量子比特多体纠缠制备方面取得了一系列重要成果，成功实现了51个超导量子比特簇态制备和验证，刷新了所有量子系统中真纠缠比特数目的世界纪录。此外，合肥在超导加速器、超导技术应用等方面也都取得了显著的进展，这些成果不仅提升了合肥在超导技术领域的国际地位，也为未来的超导技术发展和应用奠定了坚实的基础。

# 研学活动

## 研学目标

**【知识目标】**

了解超导体的两种基本特性：绝对零电阻和完全抗磁性；知道外界条件（如温度）能影响物质的性质，超导材料在特定的温度等条件下才会表现出超导特性。

**【技能目标】**

通过观察演示实验来思考、探究超导技术的原理，培养思考能力和主动探究能力。

**【情感目标】**

知道超导体在当下以及未来科技中的重要性，学习科学家精神。

# 研学准备

**1. 确定场所**

了解我们所在城市里与超导有关的科研院所或企业的情况。

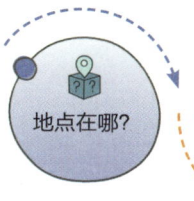    

地点在哪？　距离多远？　取得哪些研究成果？　是否有展厅？　是否对外开放？

**2. 了解交通**

综合考虑距离、安全等因素确定交通工具，并注意以下安全事项：有序上车、系好安全带、不大声喧哗、不把头或手伸出窗外。

**3. 查询天气**

根据天气情况，准备合适的衣物、雨具等。

**4. 准备物品**

记录单、食物、水杯、常备药品、运动鞋等。

**5. 文明礼仪**

研学过程中，自觉遵守各项规章制度，做到文明参观。

# 研学内容

## 一、我知道的超导体
（所需时间：40分钟）

### 我的研学任务

基于自己的认知经验和前期查阅的资料，了解超导体及其特性、用途。

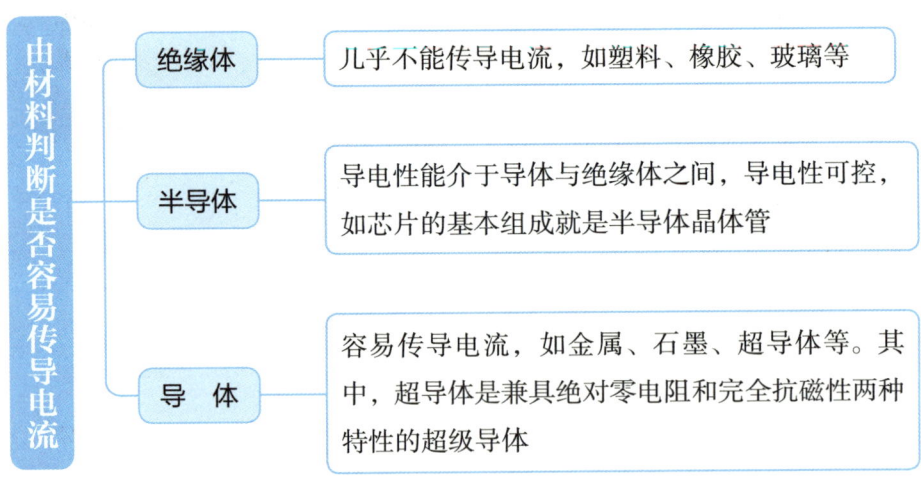

## 我的研学记录

**1.** 根据物体导电的难易程度，我们可以将物体分为＿＿＿＿＿、＿＿＿＿＿、＿＿＿＿＿。超导体是一种特殊类型的＿＿＿＿＿，它具有绝对零电阻的特性。

**2.** 区分高温超导和低温超导的温度是＿＿＿＿＿的沸点，即 77 K 或 –196 ℃。

**3.** 超导体的＿＿＿＿＿特性使得它在电力传输领域具有巨大的应用潜力。

**4.** 位于合肥科学岛大名鼎鼎的"人造太阳"——＿＿＿＿＿托卡马克核聚变实验装置，其核心技术之一就是超导技术。

## 二、我知道的超导体的特点

（所需时间：40分钟）

### 我的研学任务

积极参加演示活动，通过直观、有趣的方式来了解超导体的特点，并用自己的话进行总结。

**1. 演示楞次定律，了解磁悬浮的原理**

楞次定律可表述为：导体中的感应电流总是反抗引起它的原因。例如，外加磁体靠近闭合回路，就可以使得回路中原磁通量增加，从而产生感应电流，而感应电流产生的磁通量总是反抗原有磁通量的变化，它的感生磁场与原有磁场相反。

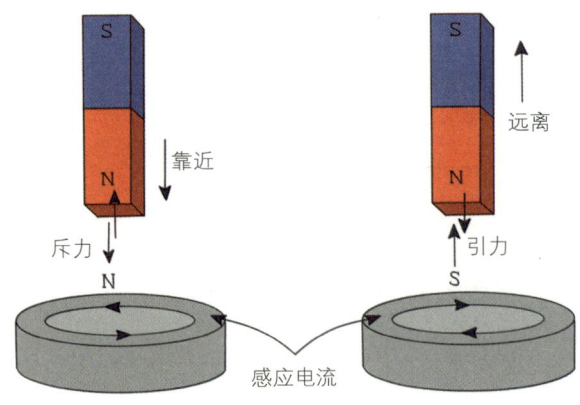

电磁感应与楞次定律
（靠近磁体产生斥力，远离磁体产生引力）

**实验准备**：中空的铜管、铝管和塑料管，圆柱磁铁，磁球，杜瓦罐，液氮，环形超导材料。

**实验内容：**

❶ 将磁球从上方投进塑料管中并开始计时，记录磁球从塑料管下方出来的时长。

❷ 将塑料管依次换成铝管和铜管，重复步骤❶。

❸ 在套有环形超导材料的杜瓦罐中加入液氮，使环形超导材料进入超导状态。将圆柱磁铁放在杜瓦罐的上方，用手轻轻按压。我们能够看到圆柱磁铁悬浮在杜瓦罐上方。

这个实验使我们认识：**超导体会强烈排斥外磁场，从而导致磁体出现悬浮现象。**

在实验中，我们在套有环形超导材料的杜瓦罐中加入液氮，其目的是使环形超导材料进入超导状态。

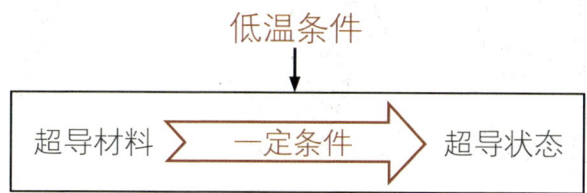

超导体能产生比普通导体强得多的感应电流，由于超导体的绝对零电阻特性，感应电流不会衰减，从而一直产生抵抗原磁通量变化的磁斥力。这样就能利用磁斥力使磁体持续悬浮。

### 2. 体验超导磁悬浮

不久前，由我国自主研制的国内首套高温超导电动悬浮全要素试验系统完成了首次悬浮运行，这标志着我国在高温超导电动悬浮领域实现重要技术突破。那么，什么是高温超导电动悬浮？未来的出行会因此有哪些改变？乘坐高温超导电动悬浮列车安全吗？让我们一起来了解超导磁悬浮吧！

**实验准备**：超导材料，杜瓦罐，液氮，强磁体轨道。

**实验内容**：

❶ 将超导材料放入液氮中，使其进入超导状态。

❷ 将进入超导状态的超导材料放在强磁体轨道上，轻轻推动它，观察超导体在轨道上的运行情况。

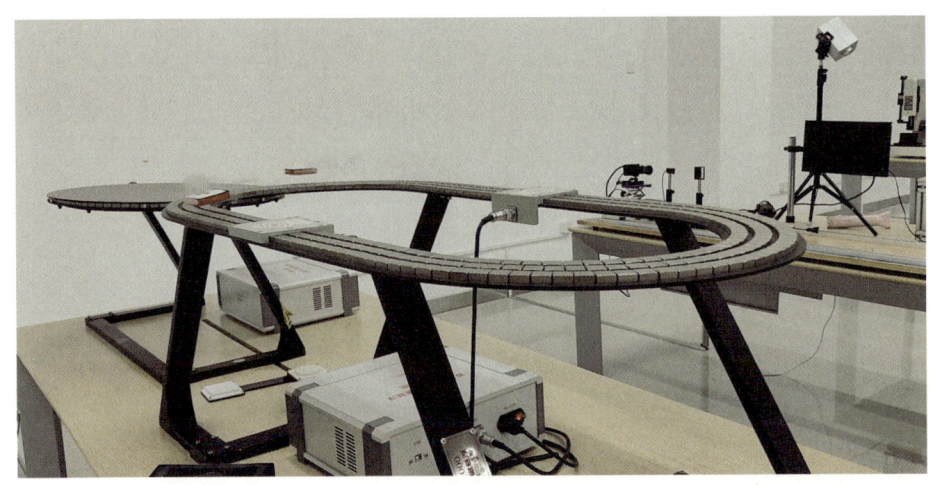

这个实验让我们感受到超导磁悬浮的神奇，认识了高温超导体独有的磁通钉扎效应。

磁通钉扎是指超导体量子磁通线被缺陷或其他各种势阱所束缚的状态。磁通钉扎效应使得超导磁体具有较高的稳定性和抗扰动能力，从而实现更高性能和更可靠的应用。

钉扎效应：
钉（子）扎（住）的效应

## 我的研学记录

根据我们已了解的超导体的特点，完成对应的连线。

绝对零电阻　　　　超导体在超导状态下能够排斥外部磁场，使得超导体内部的磁感应强度几乎为零

完全抗磁性　　　　超导体需要在非常低的温度下才能表现出超导特性

临界温度　　　　　超导体在超导状态下，电流可以在其中无衰减地流动

## 三、我了解的超导应用前景

（所需时间：20分钟）

### 我的研学任务

超导近年来已从科研领域走入大众视野。我们一起来了解超导可以应用在我们生活中的哪些方面。

展望未来，超导材料的应用前景无限广阔。将来有一天，利用超导技术，可以把三峡的电毫无损失地输送到上海、香港等地；火车悬浮在铁轨上毫不费力地以每小时五六百千米的速度安全行驶……

**交通运输领域**

超导磁悬浮列车：利用超导材料的抗磁性，实现列车与轨道之间无接触悬浮，这不仅可减少摩擦和噪声，还能大大提高列车运行的速度和安全性、舒适性。2021年1月，采用西南交通大学原创技术的世界首条高温超导高速磁浮工程化样车及试验线在四川成都正式启用，这标志着高温超导高速磁浮工程化研究从无到有的突破。

## 走进超导

### 医疗技术领域

超导磁共振成像设备：电流可以无衰减地在超导体中流动，不会发热，也不会出现压降，这使得利用超导线圈能够产生稳定的高强度磁场。超导磁共振成像设备利用超导磁体产生的强磁场，可以显著提高成像分辨率和准确性，帮助医生更准确地诊断病情，为人类健康问题提供更加精准和高效的解决方案。

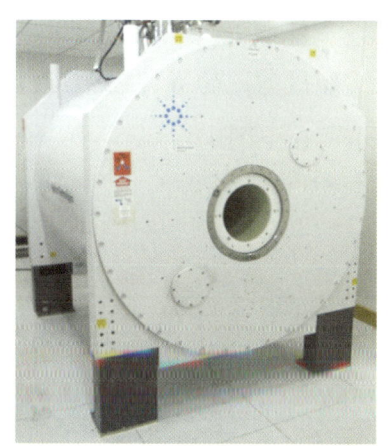

### 能源应用领域

超导输电技术：利用超导材料的绝对零电阻特性，使电力在传输过程中电能损耗接近于零，从而实现低电压等级的大容量输电。上海徐家汇地区铺设了一条1.2千米长的超导电缆，它从2021年12月正式投入运行以来，已安全稳定运行两年多。超导体的绝对零电阻特性使得它在电力传输领域具有巨大的应用潜力。

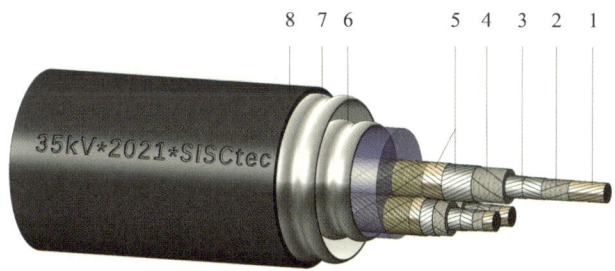

1.衬心；2.隔层；3.超导体；4.绝缘体；5.屏蔽层；6.内波纹管；7.外波纹管；8.外护套

◉ 图片来源：上海国际超导

## 我的研学记录

**1.** 目前,超导体已被应用于我们的日常生活中。请将了解到的知识填写在下图中。

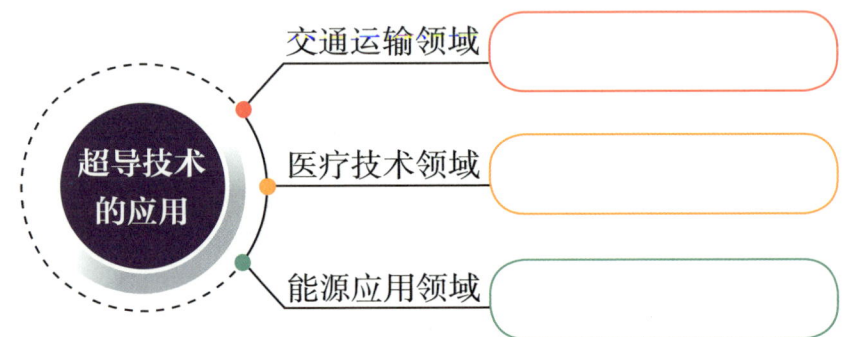

**2.** 畅想一下:未来超导技术还能应用在我们生活的哪些方面?请将想法写在横线上。

我的想法:_____

## 四、我们应该了解的历史：超导领域里的中国骄傲

（所需时间：20分钟）

我国的超导研究虽然起步晚，但是我们跑得快。我国在高温超导材料领域的研发取得了重大突破，从曾经在关键技术上被"卡脖子"，到现在所研制的超导材料输出国外，我国如今已拥有先进的超导技术，成为世界上超导材料的主要供应商。让我们一起了解超导领域里的中国骄傲。

### 1. 中国超导领军人物简介

**中国超导技术奠基人——赵忠贤**

1976年，赵忠贤开始在国内开展高温超导研究。1986～1987年，他带领团队发现了液氮温区高温超导体，并因该发现获得了第三世界科学院物理奖，这是中国科学家首获此奖；2008年，他带领团队发现了一系列50K（约-223℃）以上的铁基超导体，并创造了55K（约-218℃）铁基超导体临界转变温度的世界纪录。

**"中国高温超导磁悬浮列车之父"——王家素**

2000年12月31日，王家素、王素玉夫妇成功研制出世界第一辆载人高温超导磁悬浮实验车"世纪号"，该成果入选了2001年"中国高等学校十大科技进展"。

## 2. 合肥的超导研究成果

合肥的三大科创高地：量子信息、核聚变能源、深空探测都离不开超导技术的应用。位于合肥科学岛大名鼎鼎的"人造太阳"——全超导托卡马克核聚变实验装置，其核心技术之一就是超导。

合肥在超导加速器、超导量子计算和超导技术应用等方面都取得了显著的进展。这些成果不仅提升了合肥在超导技术领域的国际地位，也为未来的超导技术发展和应用奠定了坚实的基础。中国科学技术大学、中国科学院等离子体物理研究所、合肥综合性国家科学中心能源研究院等机构一直奋斗在创新一线。

超导材料作为科技领域的璀璨明珠，正以其独特的魅力和无限的应用潜力引领科技发展的潮流。随着科学家对超导材料研究的不断深入和技术的不断突破，我们有理由相信，未来的世界将更加美好。让我们携手并进，共同探索超导材料的奥秘，为人类的科技进步贡献自己的一份力量！

老一辈科学家的科研精神带给我们什么启示？请写一段想要说给赵忠贤爷爷或是王家素爷爷听的心里话。

我想和（　　　　）爷爷说的心里话：

# 研学评价

| 评价项目 | 评价标准 | | 评价结果<br>优秀　良好　中等 |
|---|---|---|---|
| 时间观念 | 守时<br>出勤 | 能否按时集合、参观、乘车<br>能否按规定出勤 | |
| 专注学习 | 学习态度<br>学习准备<br>学习过程<br>合作学习<br>小组交流<br>学习收获 | 学习态度是否端正<br>学习准备是否充足<br>能否及时记录<br>能否积极与组内成员合作学习<br>能否与他人交流分享<br>学习成果呈现是否准确 | |
| 纪律意识 | 服从管理<br>听从指挥<br>规范参观 | 能否服从组长管理<br>能否听从老师指挥<br>能否按照安排有序参观 | |
| 文明礼仪 | 乘车<br>参观<br>礼仪<br>交往 | 能否文明乘车<br>能否文明参观<br>能否注重礼仪规范<br>能否与他人文明交往 | |
| 团队意识 | 组织<br>交流<br>互助<br>和谐 | 团队能否组织有效的小组活动<br>团队内是否进行了有效的交流<br>团队内是否进行了有效的互助<br>能否营造和谐的团队氛围 | |

# 实践园地

## 原力谱能超导实验室
**安徽省科普示范单位**

原力谱能超导实验室是合肥综合性国家科学中心能源研究院联合北京原力辰超导技术有限公司成立的。这是全国第一家基于大科学装置技术而延伸的原创科普内容基地，不仅作为合肥综合性国家科学中心能源研究院科普基地面向全社会承担科普职能，还能帮助孩子们从课堂走进科研现场，与科学家面对面交流，真正了解科学家的工作故事，以及当下核心科技的发展趋势。

原力谱能超导实验室成立之后，结合已有高校、科研院所资源，配合学校"引进来""走出去"的科学教育政策，先后策划了移动实验室进校园、校园科技节等入校科普活动，并以特色科创科普实验课，吸引了来自安徽全省以及北京、江苏、浙江、上海、贵州等地近万名学生，走进科普基地参与课程。

地址：合肥市三国城路合肥综合性国家科学中心能源研究院学术报告厅二楼

# 新能源汽车

1992年8月，我国著名科学家钱学森给国家写了一封信，钱学森在信中建议：我国汽车工业应跳过用汽油柴油阶段，直接进入减少环境污染的新能源阶段。

发展新能源汽车是我国从汽车大国迈向汽车强国的必由之路。30多年过去了，中国新能源汽车产业已经呈现蓬勃发展的趋势，正以领跑者的姿态，助推中国汽车工业朝着汽车强国的目标坚实迈进。

# 知识园地

 **你知道中国第一辆新能源汽车是什么时候诞生的吗？**

新能源汽车的历史可以追溯到19世纪。1834年，美国机械工程师托马斯·达文波特制造了世界上第一辆电动三轮车，它由一组不可充电的干电池驱动，这标志着新能源汽车的诞生。但受当时条件所限，这辆电动三轮车只能行驶几百米的距离。1881年，法国工程师古斯塔夫·特鲁夫利用可充电的铅蓄电池，制造了第一辆真正意义上的电动汽车。1988年，我国第一辆新能源汽车"叶丰号"诞生了。

随着科技的不断进步和环保意识的日益增强，新能源汽车正逐渐成为全球汽车产业的重要发展方向。

 **中国为什么要发展新能源汽车？**

新能源汽车包括纯电动汽车、混合动力汽车、燃料电池电动汽车、氢发动机汽车等多种产品。目前市场上提及的新能源汽车主要是指纯电动汽车和插电式混合动力汽车，通常两者一起统称电动汽车。

进入21世纪，随着电池技术的突破和环保政策的推动，新能源汽车开始在全球范围内得到大规模应用，各国政府纷纷出台政策鼓励新新能源汽车的发展。

近年来，中国对新能源汽车行业的重视程度不断提升，新能源汽车已经进入发展的关键时期，相关技术越来越成熟。从汽车产业来看，发展新能源汽车是中国从汽车大国迈向汽车强国的必由之路；从创新战略来看，新能源汽车融合了大量"汽车之外"的技术，带动了中国产业发展史上规模空前的技术创新运动；从能源战略来看，现在中国正面临着从化石能源向可再生能源转型的第三次能源革命，新能源汽车的发展有力促进了能源革命，也是可再生能源发展的重要储能支撑；从"双碳"目标来看，发展新能源汽车有助于提前实现碳达峰、碳中和。

  **你知道汽车是怎么制造出来的吗?**

生产出一辆完整的汽车不是一件容易的事情。简单来说，汽车的制造过程主要分为冲压、车身、涂装和总装，这就是我们熟知的汽车制造四大工艺。

冲压是靠压力机和模具对板材施加外力，使之产生塑性形变或分离，从而获得所需形状和尺寸的工件（冲压件）；之后通过焊接、铆接、胶接等车身连接工艺，使车身部件结合，得到白车身；白车身在涂装车间主要经过电泳、中

◎ 汽车制造工厂渲染图

漆、面漆三个处理过程；总装是汽车制造四大工艺中的最后一环，主要工作是将车身、底盘、电子电器、内外饰等各个部分组装到一起，形成一辆完整的汽车。

汽车边角料生产的包和衣服

此外，你可能想不到，设计师和工程师通过生产汽车产生的边角料再利用，能制作出衣服、旅行箱包等大量商品。比如蔚来的设计师利用生产汽车座椅的剩余皮革设计制作了衣服，利用生产汽车的剩余铝材制造了旅行箱。

 你知道怎么给新能源汽车补能吗？

新能源汽车和传统的汽车在补能形式上有比较大的差异，传统的用汽油、柴油驱动的汽车如果没油了，直接去加油站加油就行；但是对于新能源汽车，尤其是靠电驱动的新能源汽车，应该怎么给它补能呢？其实，现在新能源汽车企业想了好多方法给汽车补能，比如，蔚来基于移动互联网的加电解决方案，广泛布局充换电设施网络，依托蔚来能源云技术，搭建了"可充可换可升级"的能源服务体系，为车主提供全场景化的加电服务。

新能源汽车

○ 蔚来换电站：换电仅需三分钟，全程自动，无须下车，比加油更方便。每次换电都会进行车辆自检，确保整车和电池始终处于最佳状态

○ 蔚来充电车：车主在手机上一键下单，充电车上门提供充电服务

○ 蔚来充电桩：单手操作轻松自如，可方便汽车快速充电

 你想拥有一辆专属自己的汽车吗？

如果你能亲手设计一辆符合自己审美的汽车，你会怎么设计呢？别急，蔚来可以帮你实行个性化定制。首先，你可以选择喜欢的车型，比如小轿车或越野车；其次，你可以给它涂上喜欢的颜色，比如闪闪发光的银色或炫酷的黑色；最后，车的轮毂，你也可以挑选你认为最炫酷的样式。在蔚来的APP（应用程序）上，你可以创造出300多万种不同搭配的汽车样式。

# 研学活动

## 研学目标

【知识目标】

了解轮轴的原理、车轮的历史,以及新能源汽车的制造流程,认识到发展新能源汽车能够带动绿色出行风尚。

【技能目标】

通过小组合作完成绘制、拆解、组装汽车模型等实践操作,提高动手能力,培养团队协作能力。

【情感目标】

通过参与新能源汽车主题研学活动,认识安徽合肥大力发展新能源汽车的重要性,深刻理解国家科技强国战略的意义。

新能源汽车

# 研学准备

**1. 确定场所**
了解我们所在城市里与新能源汽车有关的企业的情况。

 地点在哪？  距离多远？  取得哪些研究成果？  是否有展厅？  是否对外开放？

**2. 了解交通**
综合考虑距离、安全等因素确定交通工具，并注意以下安全事项：有序上车、系好安全带、不大声喧哗、不把头或手伸出窗外。

**3. 查询天气**
根据天气情况，准备合适的衣物、雨具等。

**4. 准备物品**
记录单、食物、水杯、常备药品、运动鞋等。

**5. 文明礼仪**
研学过程中，自觉遵守各项规章制度，做到文明参观。

# 研学内容

## 一、车的前世今生
（所需时间：15分钟）

### 我的研学任务

了解滚动摩擦的机械原理和车轮的历史，认识到科技能改变出行方式。

了解新能源汽车和燃油汽车的区别，理解国家大力发展新能源汽车的意义。

古时候，人们利用滚木运送巨大的石块，因为滚木可以减少摩擦力。后来，人们发明了轮轴，用一根木棍穿过轮子的中心，使轮子在木棍上旋转，而木棍上可以固定木板或者车厢，由此产生了马车。轮轴转动时，在轮上用力比在轴上用力小。从古代的马车、牛车，到今天的自行车、摩托车、汽车、火车等，都有车轮。车轮是能转动的圆形工具，能够省力，大大提高了驱动效率。

汽车可以带我们去领略祖国各地不同的风光。我们坐在家中能收到来自不同地方的包裹，也得益于以汽车为主力的物流业的发展。但是随着汽车数量逐渐增多，化石能源被大量消耗；同时，汽车所排放的二氧化碳等气体，也加剧了温室效应。

我国大力发展新能源汽车产业，这是我国从汽车大国迈向汽车强国的必由之路；此外，目前中国正面临着从化石能源到可再生能源转型的第三次能源革命，新能源汽车的发展有力促进了能源革命。

1. 轮轴的原理

（1）比较下列搬运方式，在省力方式的下面画"√"。

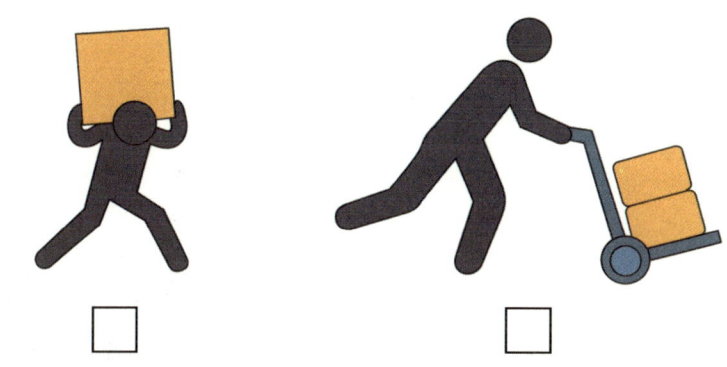

（2）观察下列轮轴结构，在省力部位的旁边画"√"。

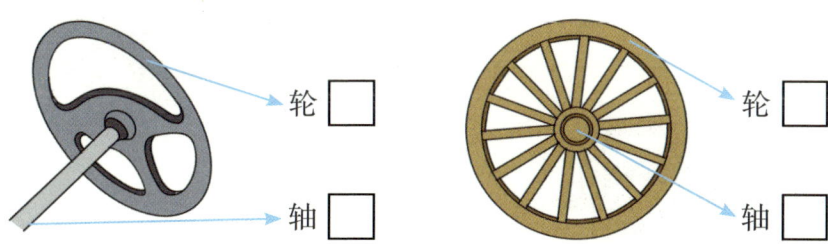

**2.** 车轮以及车的历史

（1）将下列车轮按照出现时间的先后顺序标上序号。

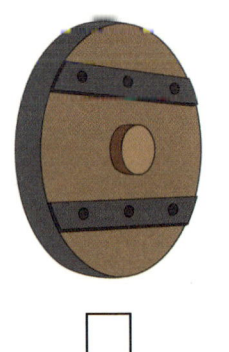  

☐ ☐ ☐

（2）将车的动力产生方式与对应类型的车进行连线。

电力

人力

马力

蒸汽机

内燃机

**3.** 开发新能源

新能源

传统能源

下面哪种能源属于新能源？请在新能源后面画"√"。

太阳能（　　）　　天然气（　　）　　生物能（　　）

风　能（　　）　　地热能（　　）　　石　油（　　）

潮汐能（　　）　　氢　能（　　）　　煤　炭（　　）

波浪能（　　）

**4.** 新能源汽车与传统燃油汽车的区别

新能源汽车

传统燃油汽车

|  | 新能源汽车 | 传统燃油汽车 |
| --- | --- | --- |
| 动力来源 |  |  |
| 是否环保 |  |  |
| 生产成本 |  |  |
| 噪声 |  |  |
| 续航里程 |  |  |
| 使用成本 |  |  |

## 二、了解汽车制造

（所需时间：45分钟）

### 我的研学任务

了解汽车生产制造流程，认识现代工业生产的新兴智能设备。了解新能源汽车的主要制造材料，关注新能源汽车发展。

### 1. 汽车制造的得力助手

在汽车生产线上，工业机器人可以执行各种任务，如喷涂、装配等。它们能够精确、快速地完成重复性工作，提高生产效率和产品质量。工业机器人还可以在恶劣的环境下工作，如高温、高压环境等，从而

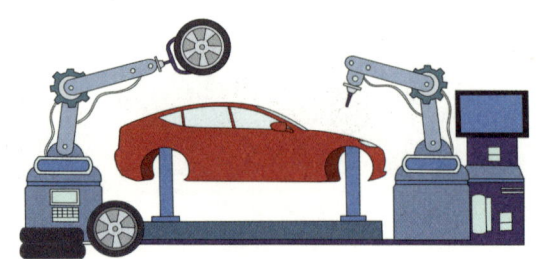

保障工人的安全。此外，工业机器人还具有高度的灵活性和可编程性，可以根据不同的生产需求进行快速调整和定制。

### 2. 汽车制造所用材料——铝的特点

① 轻量化。铝的密度仅为铁的 $\frac{1}{3}$，重量轻，能够大幅度降低汽车的重量，增加续航里程。

② 高强度。铝的强度比普通钢铁高出近3倍，即便是在极端条件下也不易变形、破裂，保证了汽车行驶的安全性。

③ 耐腐蚀性好。铝在空气中，与氧气反应生成氧化铝，从而在表面形成了一层致密的保护膜，能防止内部金属被氧化。这能够有效地提高汽车的使用寿命。

④ 绿色环保。铝作为可循环利用的材料，可以有效减少碳排放和能源消耗。

## 我的研学记录

**1.** 按照生产流程的先后顺序，为以下新能源汽车制造工艺排序。

（　）车身

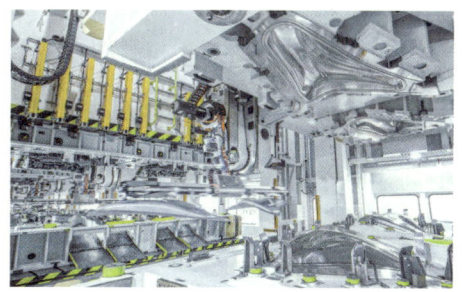

（　）冲压

 （　）涂装　　　　　　　　　　 （　）总装

2.下面是两个体积相同的金属块，左边是铝材，右边是钢材。请比较铝材和钢材的重量。

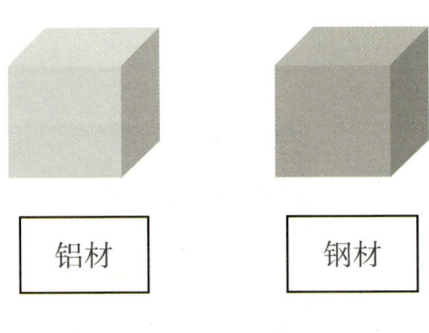

哪个轻？
哪个重？

以下关于铝材应用于新能源汽车上的说法，正确的是：

降低整车重量（　）　　　　增加续航里程（　）

提高安全性能（　）　　　　容易变形、破裂（　）

强度比钢材弱（　）　　　　防止腐蚀和氧化（　）

提高汽车的使用寿命（　）　材料可循环利用（　）

## 三、体验智能驾驶

（所需时间：15分钟）

### 我的研学任务

体验新能源汽车的智能驾驶，了解新能源汽车使用的新兴技术。

汽车作为重要的先进技术载体，正在由传统的移动出行空间向智能生活休闲娱乐空间转型，汽车智能化有助于打造更高效、更节能、更环保、更安全、更舒适、更便捷的汽车产品，更好地提升乘客体验。

随着人工智能技术的发展，新能源汽车已经实现了无人自动驾驶。基于先进传感器、人工智能算法和大数据分析等，新能源汽车能够识别交通信号和障碍物，科学规划路径，并实时感知周围环境。人工智能反应的速度，大约是我们人类反应速度的 25 倍，遇到紧急情况，它能比我们更快地做出选择，实现安全避险。同时，新能源汽车配备了许多智能驾驶辅助功能，如车道偏离预警、自动紧急制动

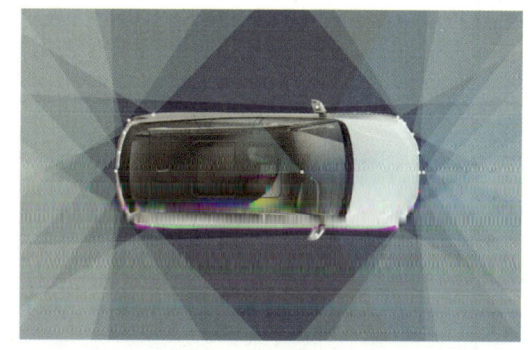

等，大大增强了驾驶的安全性。

新能源汽车在行驶过程中噪声更小，车内环境更加静谧，为乘客创造了更加舒适的乘坐体验。新能源汽车的动力系统更加先进，能够提供更加平稳的驾驶感受。

## 我的研学记录

工业和信息化部发布的《汽车驾驶自动化分级》国家标准，将汽车自动驾驶划分为6个不同等级。请按照自动化程度由低到高依次排序，并在对应的□内标上序号。

☐ 驾驶员完全控制车辆，车辆没有任何自动驾驶功能。

☐ 驾驶自动化系统能够在任何条件下完全自主地执行所有驾驶任务，无须驾驶员介入。

☐ 驾驶员部分控制车辆，驾驶自动化系统能够自动控制车辆纵向或者横向运动。

☐ 驾驶自动化系统能够在特定环境和条件下自主执行驾驶任务，无须驾驶员干预。

☐ 驾驶自动化系统能同时控制车辆的纵向和横向运动，但仍需驾驶员关注车辆状态和周围环境信息。

☐ 驾驶自动化系统能够在特定条件下完成控制驾驶任务，但仍需驾驶员随时准备在必要时接管控制。

## 四、让小车动起来

（所需时间：45分钟）

运用科学知识设计出具体方案，解决小车行驶问题。

工程师运用科学原理设计出满足人们需要的设备、系统和工艺流程。基于特定的需求，工程师会运用系统思维，明确条件、分析系统的特点、设计出解决问题的方案。下面，让我们尝试着像工程师一样来思考、解决小车的行驶问题。

问题解决步骤：

| 明确问题 | 明确设计什么、用途是什么、具体要求是什么 |
|---|---|
| 制订方案 | 小组内进行"头脑风暴"，讨论会遇到什么问题，制订最优解决方案 |
| 实施方案 | 团队协作，根据方案进行制作 |
| 评估改进 | 根据标准评估，反思出现的问题并进一步改进 |

## 我的研学记录

请以小组合作的形式设计一辆具有动力的小车，并使其行驶到指定位置。

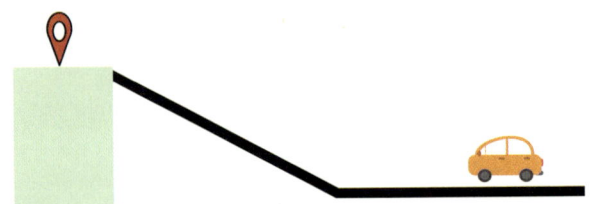

**材料包展示**

1. 按照太阳能小汽车的组装顺序，为以下步骤进行排序，并在□内标注序号。

☐ 安装马达和齿轮，连接轮轴。

☐ 安装太阳能板，并连接马达。

☐ 拼插木片，组装小车外壳。

☐ 整理、认识材料包的组件。

☐ 调整太阳能板方位，让小车开始行驶。

☐ 安装前、后轮，在轮轴上安装齿轮。

2. 填写能量转换的形式。

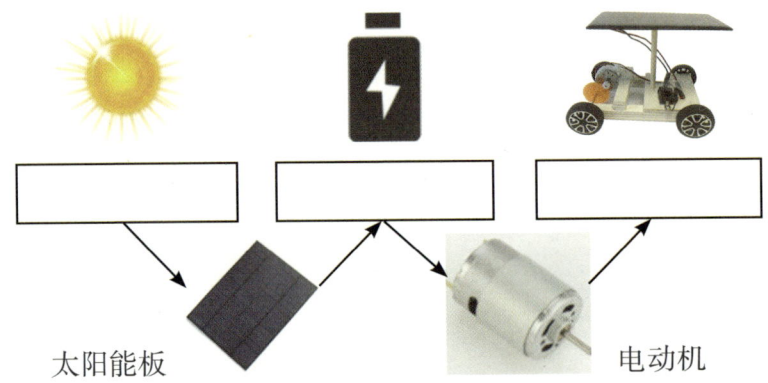

太阳能板　　　　　电动机

新能源汽车

**3.** 请在影响小车行驶过斜坡所用时间的因素旁边画"√"。

| 小车重量 □ | 电量大小 □ |
| 斜坡角度 □ | 风速大小 □ |
| 轮胎摩擦力 □ | 马达功率 □ |
| 小车速度 □ | 光照强度 □ |

**4.** 请将解决问题的方案写在横线上。

**问题1：** 轮胎在斜坡上打转，需要增加摩擦力

能想到的方法是 _____

**问题2：** 小车上不去斜坡，需要增加动力

能想到的方法是 _____

**问题3：** 组员没有全部参加，需要加强合作交流

能想到的方法是 _____

①

②

③

④

## 五、展望未来汽车

（所需时间：25分钟）

### 我的研学任务

了解安徽新能源汽车发展的新生态，萌发为工业强省做出贡献的使命感。

中国新能源汽车产销量在全球市场的占比已经超过60%，这标志着中国新能源汽车产业的崛起和领先。作为中国的汽车大省，安徽把汽车产业作为首位产业，在这一领域展现了强大实力和发展潜力，全省汽车全产业链营收在2023年迈上万亿元新台阶。2023年，全省新能源汽车产量高达86.8万辆，同比增长60.5%。

在安徽，各市都有与新能源汽车相关的配套企业，一辆新能源汽车可以在3小时车程内配齐所有零部件，一辆新能源汽车通过"3小时产业圈"就能被生产出来。

从 20 世纪 60 年代安徽第一辆汽车在江淮汽车制造厂下线，到 2023 年汽车产量居全国第二、出口居全国第一，再到 2024 年一季度产量同比增长 35%、出口同比增长 28%，被安徽列为首位产业的汽车产业，在高质量发展之路上不断"换挡提速"。

人们会根据需要设计各种车辆来执行不同的任务。根据下列情景，我们试着设计出相应的车辆吧！

**1.** 工厂或者小区发生火灾，火势较大、伴有大量的浓烟，消防员一时无法快速控制火势。请设计一辆能进入火场进行救援的车。

（提示：该车的功能有探测火情、救援被困人员、扑灭火源、排查火灾隐患等）

**2.** 夜晚，警车巡逻，闪烁的警灯与夜晚的霓虹灯交相辉映，让我们感受到安全就在身边。请设计一辆可以自动巡逻并能处理一些突发事件的警车。

（提示：该车的功能有视频巡逻、宣传安全知识、制止犯罪行为、定位报警等）

# 研学评价

| 评价内容 | 评价等级 | | | 评价主体 | | |
|---|---|---|---|---|---|---|
| | ☆ | ☆☆ | ☆☆☆ | 自主评价 | 家长评价 | 导师评价 |
| 研学准备 | 简单地查阅了一些资料 | 查阅较多资料，对研学任务有初步了解 | 查阅大量资料，对研学任务充分了解，并制订了详细的研学计划或路线 | | | |
| 研学过程 | 参与了部分研学过程，基本完成研学任务 | 全程参与研学过程，较好地完成研学任务 | 全程认真听研学导师讲解并积极参与互动，团队合作良好 | | | |
| 研学记录 | 有简单的研学记录 | 记录较完整，书写规范，复述知识点正确率较高 | 记录完整、详细、美观，复述知识点正确率高 | | | |

# 实践园地

## 蔚来合肥先进制造基地
### 合肥市工业旅游示范基地

蔚来合肥先进制造基地共设有冲压、车身、涂装、总装四大工艺车间，以"数据、技术、业务流程、组织结构"四要素为落脚点，从云平台、物联网、应用系统、工艺设计、智能化装备以及智能传感全方位规划，对基地多维数据采集、分析、存储，实现了自动排产、自动质量检测，是一座具有"高度自动化、网络化、智能化以及先进制造工艺水平特点"的"中国制造2025安徽样板工厂"。在这里，你可以参观汽车生产车间，目睹智能电动汽车的诞生过程；与汽车专家面对面，了解更多与智能电动汽车发展趋势相关的前沿信息。

地址：合肥市经开区宿松路9766号

# 新能源电池

随着全球能源战略转型，能源低碳发展关乎人类未来，中国已将新能源作为未来发展的重要战略方向。在推进新能源高质量发展的过程中，新能源与传统能源的动态替代与安全平衡是必须思考的时代命题。电池作为提供动力的核心部件，是新能源产品的"心脏"，因此更应加快绿色科技创新和先进绿色技术的推广应用，以产品的"含绿量"提升发展的"含金量"，让绿色能源更好地服务人类。

# 知识园地

 **电池是什么？**

电池是一种将化学能转化成电能的装置，通过化学反应完成能量转化。电池主要由正极、负极、电解质等组成。充电时，正极材料中的锂离子迁移出来，通过电池内部的电解质嵌入负极，负极从外电路得到电子进行电荷补偿。放电过程与之相反。这样，正负极之间的离子流动和电子转移便形成电流，从而实现化学能到电能的转化。

 **电池是怎么分类的呢？**

○ 软包电池

就像我们可以按照颜色、大小或用途来给衣服分类一样，我们也可以按照外形、正负极材料、可复用性等对电池进行分类。按照外形，电池可以分为软包电池、圆柱形电池和方形电池。按正负极材料，电池可以分为磷酸铁锂电池、三元材料电池、钛酸锂电池等。按照可复用性，电池可以分为一次电池和二次电池：一次电池即原电池，俗称"用完即弃"

○ 圆柱形电池

电池，因为其电量耗尽后，无法再充电使用，只能妥善废弃；二次电池又称可充电电池，即可以循环使用的电池，比如新能源汽车上的电池。

○ 方形电池

 **新能源电池的用途是什么？**

新能源电池是引领清洁能源革命的关键，在追求可持续发展和倡导利用环境友好型能源的今天，广泛应用于交通运输及储能领域。

车载电池在交通运输领域应用广泛，依据不同车型及使用场景，车载电池大致可应用于乘用车、商用车和专用车三类。

储能是指通过介质或设备把能量存储起来，需要时再释放出来。动力电池储能的应用场景主要涵盖公共设施、移动设备和家用储能三类。

回收贯穿电池的整个使用过程，是电池生命周期的重要组成部分。一种回收方式是梯次利用，它是依据电池的使用性能，将高性能的动力电池拆解重组后，应用在路灯、两轮车、小型储能等次级场景中。另一种回收方式是通过再生利用和回收网络，剥离电池内具有使用价值的组成部分，再依据具体性能回收利用。

○ 车用

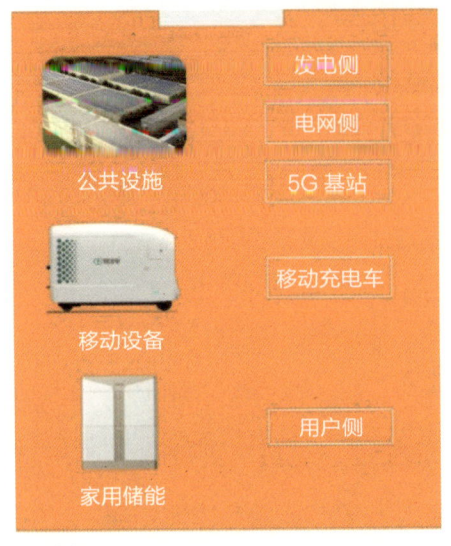
○ 储能

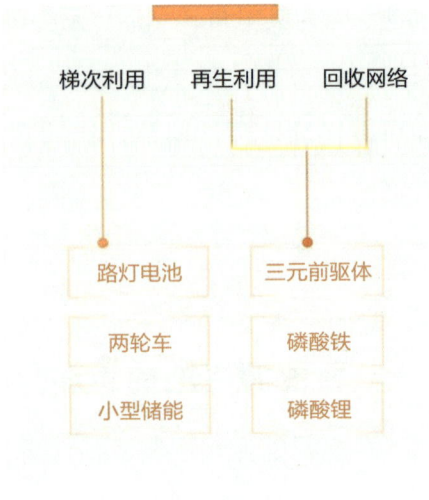
○ 回收

 **电池有寿命吗？**

电池是有寿命的。随着充放电次数的增加，电池的寿命会缩减。电池的寿命取决于多种因素，包括电池类型、使用方式、充电次数、充电方式、温度、负载等。

不同类型的电池寿命也不同，如常见的铅酸电池，其寿命一般在2～5年。使用方式也是影响电池寿命的重要因素。频繁充电和放电、过度充电和放电、高温或低温环境等都会加速电池老化和损坏。对于寿命终止的电池，需要依据使用情况进行回收再利用，这有助于减少环境污染和资源浪费。

 **你知道新能源电池是如何"充电"安徽的吗？**

安徽省作为中国新能源汽车产业的重要基地，经多年发展已具有一定的先发优势，产销量居中部第一、全国前列，上下游产业链愈加壮大，拥有一批代表性的新能源电池企业，比如合肥国轩高科动力能源有限公司、安徽华创新材料股份有限公司、安徽博石高科新材料股份有限公司、安徽巡鹰新能源集团有限公司，等等。

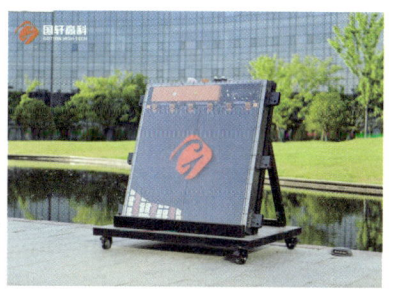
◎ G刻电池

2024年5月17日，安徽本土的电池龙头制造商合肥国轩高科动力能源有限公司在其第十三届科技大会上展示了创新的电池技术。此次展示的产品包括5C超快充G刻电池、高镍圆柱形星晨电池以及全固态金石电池。

◎ 星晨电池

G刻电池可以在9.8分钟内将电量充至80%，在15分钟内充至90%，相当于1小时可以将电动汽车充满电5次，车主们再也不会有"续航焦虑"了！

采用其自主研发的第二代硅碳材料和快充电解液的星晨电池可以在9

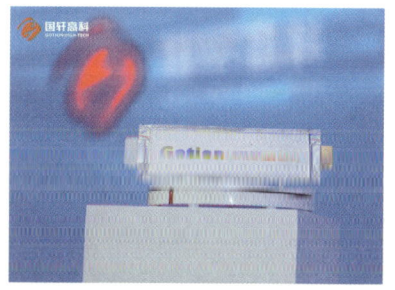
◎ 金石电池

分钟内实现从10%至70%的超快速充电。搭载该电芯的电池包可以在5分钟内完成350千米续航充电，10分钟内完成600千米续航充电，使用该电池包的电动汽车充一次电就能从合肥直接开到上海。

金石电池是一种全固态电池，它的研制成功标志着电池制造技术在安全性能方面取得了重大进步。

# 研学活动

## 研学目标

**【知识目标】**

了解新能源电池的优势,以及锂离子电池的工作原理和制造工艺。

**【技能目标】**

运用模型分析锂离子电池的工作原理和制造工艺;运用自制的简单装置验证电池的工作原理和电路组装的原理。

**【情感目标】**

通过实地探访,了解合肥乃至全国的科技创新成果,激发"中国'能',合肥'能'"的自豪感。

新能源电池

# 研学准备

**1. 确定场所**
了解我们所在城市里与新能源电池有关的科研院所或企业的情况。

 地点在哪？
 距离多远？
 取得哪些研究成果？
 是否有展厅？
 是否对外开放？

**2. 了解交通**
综合考虑距离、安全等因素确定交通工具，并注意以下安全事项：有序上车、系好安全带、不大声喧哗、不把头或手伸出窗外。

**3. 查询天气**
根据天气情况，准备合适的衣物、雨具等。

**4. 准备物品**
记录单、食物、水杯、常备药品、运动鞋等。

**5. 文明礼仪**
研学过程中，自觉遵守各项规章制度，做到文明参观。

# 研学内容

## 一、中国"能"，合肥"能"
（所需时间：40分钟）

### 我的研学任务

了解合肥有关新能源汽车和动力电池的企业，知道合肥正在打造"新能源汽车之都"的措施。

2023年，中国外贸"新三样"——新能源汽车、锂电池、光伏产品，全年合计出口突破万亿元大关，其中新能源汽车产销量双双突破900万辆，连续9年位居全球第一。汽车制造被视为现代工业皇冠上的明珠，是一国制造业强弱的重要标志。

作为核心零部件之一，动力电池堪称新能源汽车的"心脏"，其重要性远胜于发动机之于传统燃油车。当前，合肥已拥有国轩高科、大众（安徽）新能源、比亚迪、中创新航等动力电池企业，集聚了贝特瑞、珠海赛纬、星源材料、科大国创等一大批产业链企业，已形成涵盖正极材料、负极材料、电解液、隔膜、铜箔、电池外壳、电池包、电池模组、电芯的完整产业链。

为新能源汽车造"心"，请相信，合肥能！

## 我的研学记录

**1.** 以下企业分别属于哪一类？

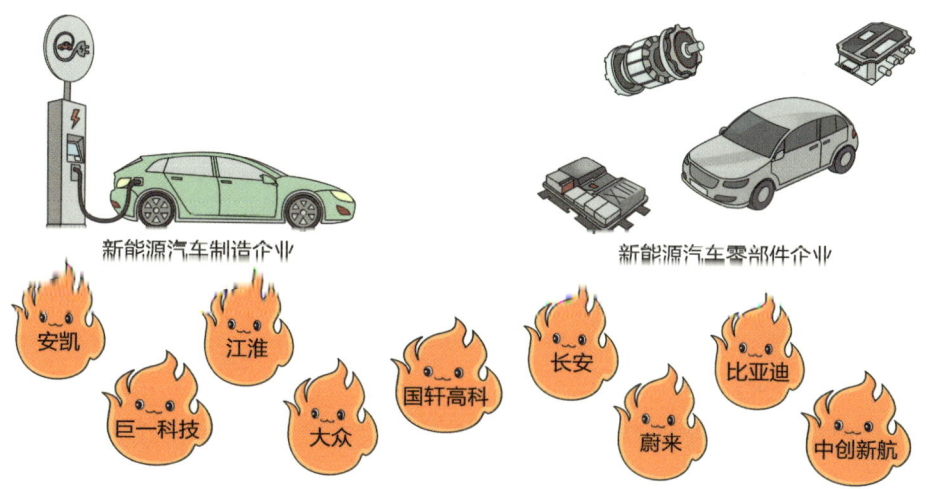

**2.** 下面哪种汽车花费更低？

| 新能源汽车 | 传统燃油车 |
| --- | --- |
| 使用家用充电桩，算 0.5 元 1 度电<br>使用公用充电桩，算 1.5 元 1 度电 | 加 92 号汽油，油价 7.94 元每升 |
| 100 千米综合耗电约 18 度 | 100 千米综合油耗算 9 升 |
| 使用家用充电桩，行驶 10 万千米大约花费 ____ 元<br>使用公用充电桩，行驶 10 万千米大约花费 ____ 元 | 行驶 10 万千米大约花费 ____ 元 |

通过比较，我发现长期使用新能源汽车的花费 _____（选填"较高""较低"）。

## 二、我了解的电池

（所需时间：50分钟）

小小的电池给合肥带来大大的收益！让我们继续探索电池的秘密，了解电池在电路中的作用！

**1. 来一场点亮小灯泡的比赛**

根据提供的材料，比一比谁先点亮小灯泡。

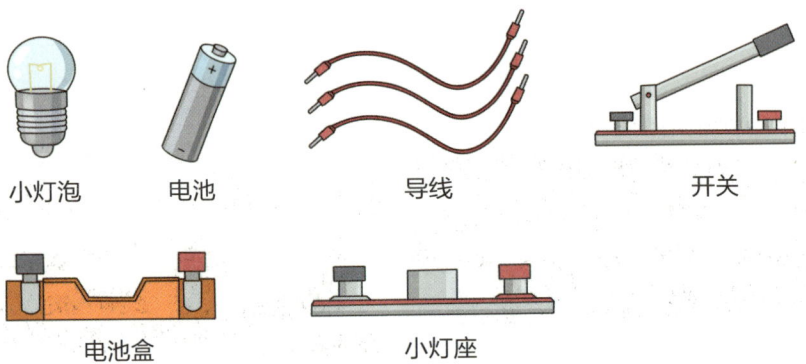

我们把由电池、导线、开关以及小灯泡所组成的电路称为简易电路。在这个电路中，电流从_____出发，经过小灯泡，再回到_____，形成一个完整的回路。

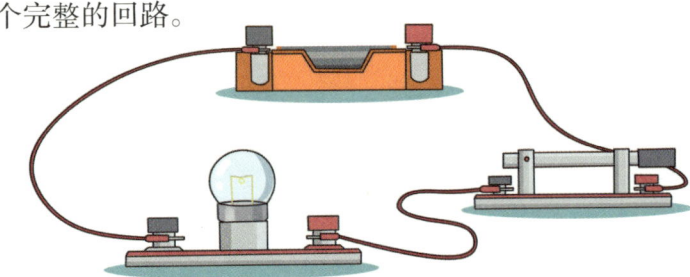

## 2. 制作水果电池

在没有电池的情况下,我们能想办法让小灯泡亮起来吗?

① 将柠檬放在桌子上,用手轻轻挤压使其变软。

② 将柠檬对半切开,将锌片和铜片分别插入半个柠檬中(见下图),避免刺穿水果,同时使它们相距约5厘米远。

③ 将电线两端的绝缘层剥掉一截,再将电线如图分别缠绕在锌片、铜片以及小灯泡上。用电工胶带或鳄鱼夹来防止电线从金属片上脱落。

④ 观察:小灯泡是否会亮起来?是否能一直保持明亮?

金属锌与柠檬酸反应产生锌离子($Zn^{2+}$)和电子($e^-$)。锌离子进入柠檬汁,而电子保留在金属上。小灯泡的电线是导体,当其连接铜片和锌片时,锌片上形成的电子就会流入电线中。电子的流动就形成了电流,它能为小型电子设备供电或点亮灯泡。

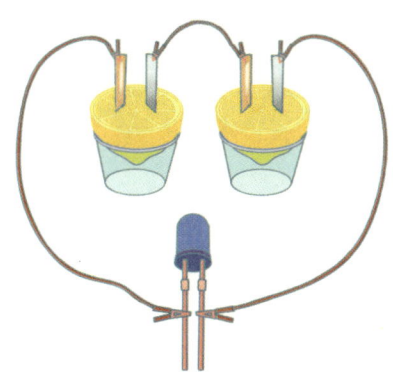

## 我的研学记录

**1.** 水果电池中，铜片和锌片分别充当电池的_____和_____（选填"正极""负极"）。

**2.** 用箭头画出水果电池中电子移动的方向。

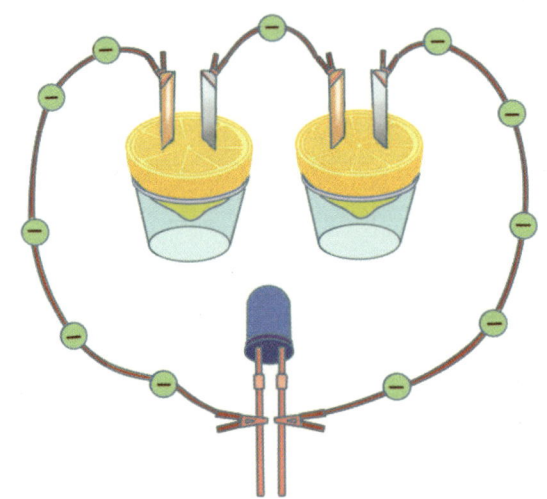

## 三、我了解的动力电池

（所需时间：60分钟）

了解动力电池的作用及类型，对锂离子电池的特点有一定认识。

生活中的电器多种多样，适配它们的电池也类型丰富。我们阅读"知识园地"的内容，知道电池根据可复用性，可以分为一次电池和

# 新能源电池

二次电池。

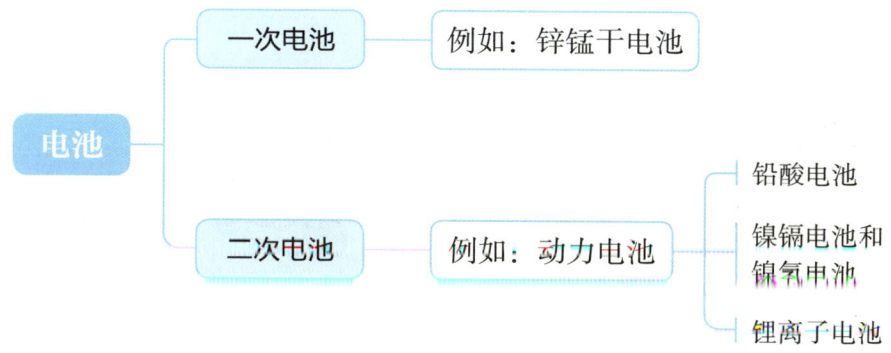

动力电池是为交通工具提供动力来源的电池。当下，新能源汽车的动力电池类型主要有磷酸铁锂电池和三元锂电池。

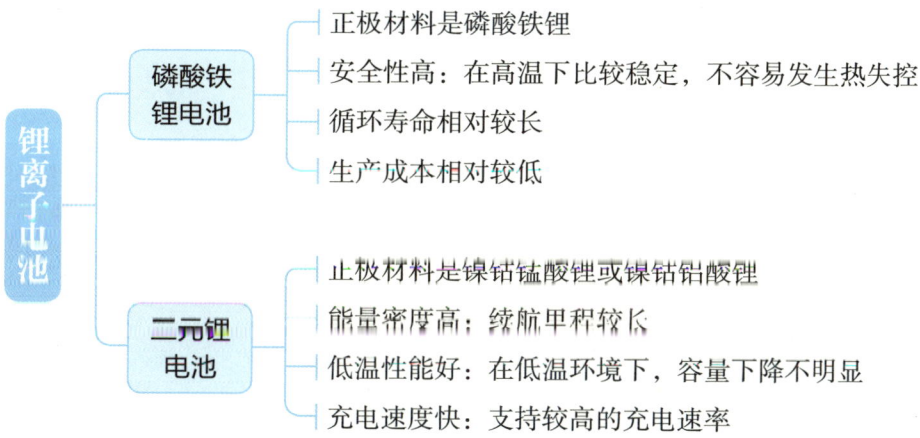

1. 我的观察

（1）生活中的各种电器分别适配什么样的电池呢？试着连线吧！

遥控器　　电子手表　　手电筒　　手机　　两轮电动车　　电动汽车

（2）填一填：上一题中这些电器的电池属于哪一类电池呢？

一次电池　　　　　　　　二次电池

2. 我的思考

（1）通过讲解，我们知道锂离子电池是通过锂离子在正极和负极之间移动实现充电和放电。

# 新能源电池

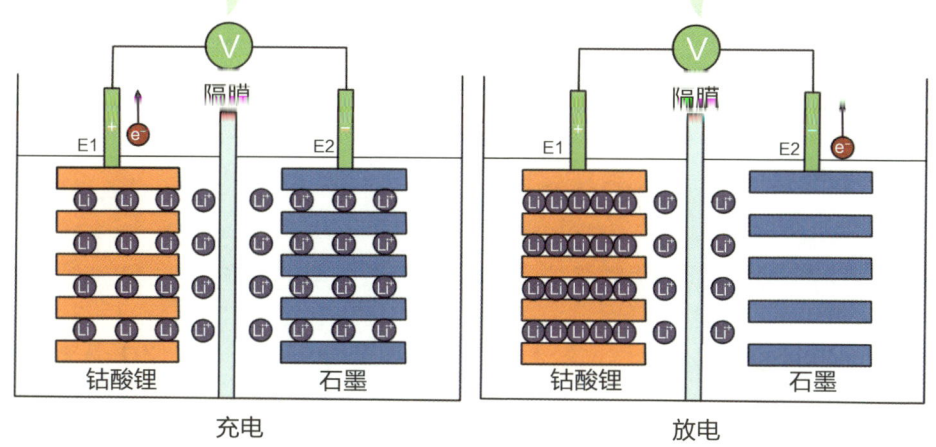

（2）为什么锂离子电池被广泛应用于我们的生产和生活中呢？写出自己知道的锂离子电池的优点吧。

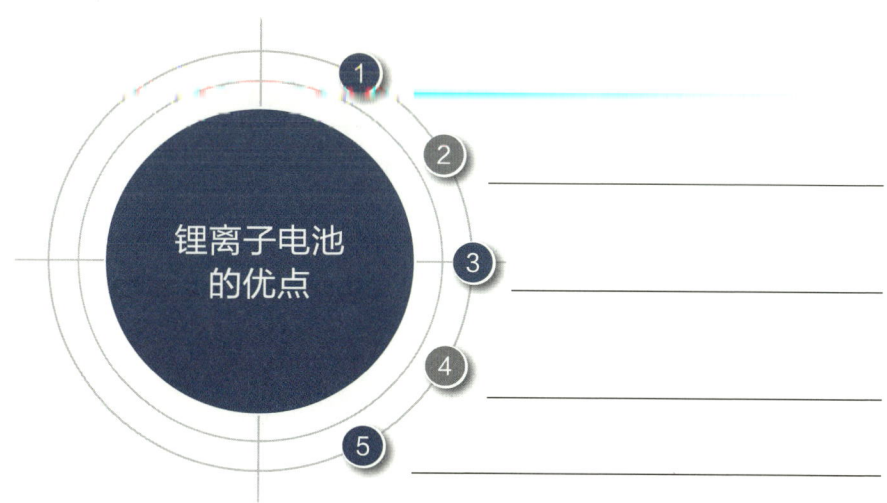

## 四、我知道的动力电池制造工艺

（所需时间：60分钟）

电池驱动一台重达一吨多的电动汽车，可不像驱动一台智能手机那么简单。让我们一起来了解电动汽车的电池是怎么被制造出来的吧！

**1. 探究水果电池中柠檬的数量对小灯泡亮度的影响**

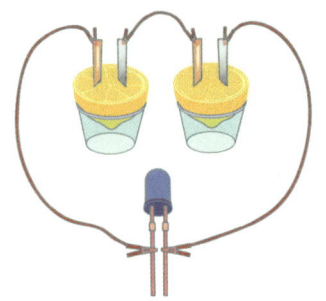 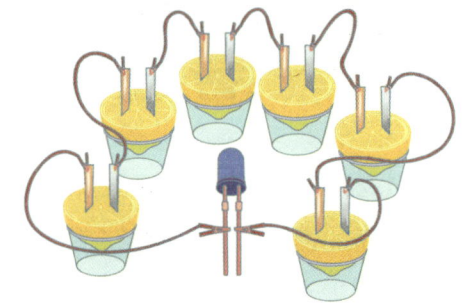

根据前面的操作步骤，尝试用 3 个柠檬来制作水果电池，并连接电路使灯泡亮起。

我们会发现：3 个柠檬电池的灯泡亮度 _____ 1 个柠檬电池的灯泡亮度（选填"大于""等于""小于"）。

**2. 揭开动力电池制造的秘密**

电动汽车的电池是由数千个单体电芯组成的。这么多电芯是怎么组成大容量的动力电池的呢？

# 新能源电池

电池包：当数个模组被多个系统共同控制或管理起来后，这个统一的整体就叫作电池包。

电池模组：当多个电芯被同一个外壳封装在一起，通过统一的边界与外部进行联系时，这就组成了一个模组。

电芯：电芯是动力电池的最小单位，也是电能存储单元。

通过仔细观察，我们会发现，复杂的大容量动力电池是由若干个单体电芯组装而成。我们了解单体电芯的制作，就能理解电池模组的制作。通过拆解，我们会发现单体电芯就像层层卷起的花卷一样！

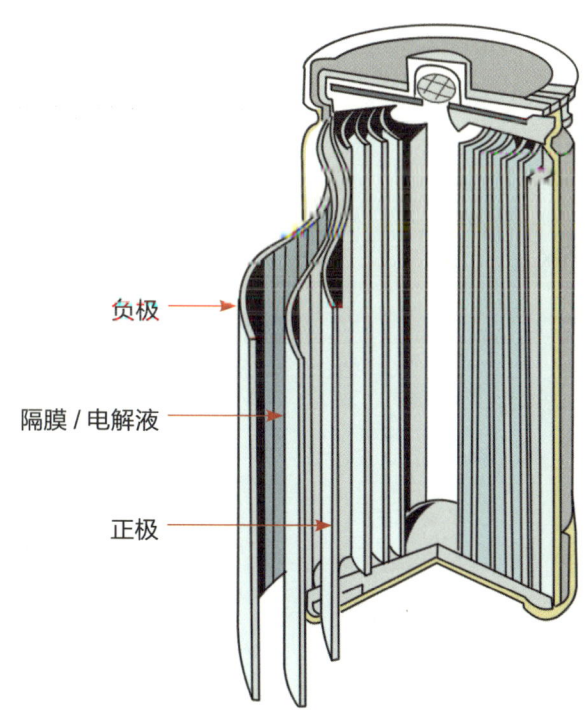

## 我的研学记录

**1. 我的想象**

动力电池制造工艺与花卷制作过程有哪些相似的地方呢？在下图中找一找，将自己认为相似的制作过程进行连线吧！

动力电池制造工艺：
- 合浆
- 涂布
- 制片
- 卷绕
- 组装
- 激光焊
- 注液
- 化成
- 分容
- 入库

花卷制作过程：
- 将面粉、盐、酵母、糖、水放在盆里搅拌混合，随后开始揉面
- 让面团发酵
- 将发酵好的面团压扁，擀成长方形的大面片
- 在面片表面均匀涂抹一层食用油和葱花
- 将面片卷成长条形
- 将面团切成若干份，分别定型
- 上锅蒸熟

## 新能源电池

**2. 我的设计**

新能源汽车的电池包除了要有电池模组,还需要具备哪些功能呢?让我们来试着设计一款理想的电池包吧!

> 我希望当电池感应到故障时,电池包能及时断电,保障车上人员的安全。

> 冬天寒冷时,电池充电速度很慢。我希望电池包能自动加热,使充电速度变快。

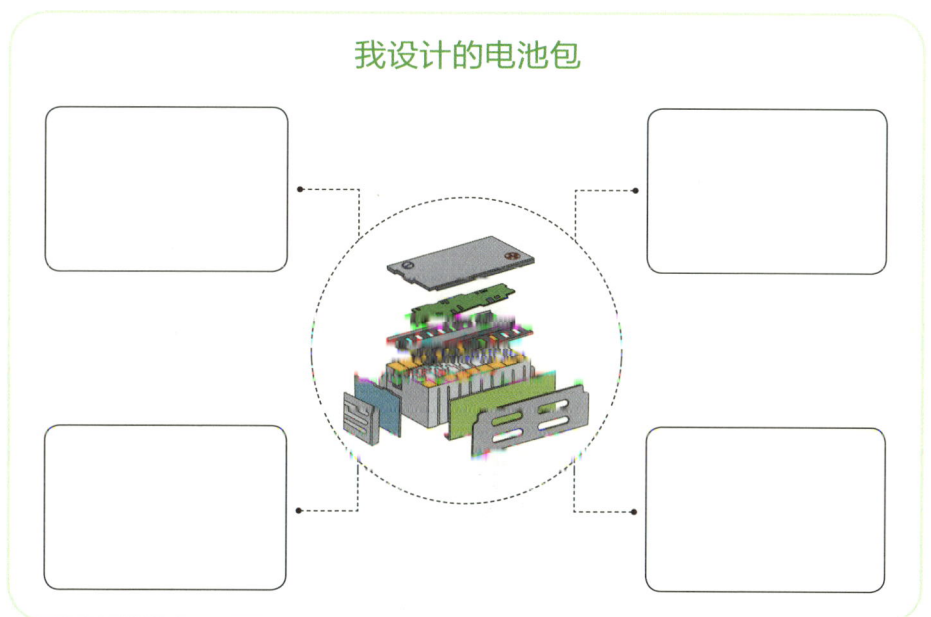

我设计的电池包

## 五、我了解的动力电池全生命周期

（所需时间：60分钟）

了解动力电池全生命周期，探究动力电池行业中的梯次利用。

为了节约资源、保护环境，动力电池行业有一个新的名词——梯次利用。什么是梯次利用？我们先来了解动力电池全生命周期。

动力电池全生命周期包括电池从研发、原材料采购、生产制造、使用、梯次利用，到最终回收处置的整个过程。

梯次利用，是指对废旧动力蓄电池进行必要的检验检测、分类、拆分、修复或重组等，使之成为梯次产品，使其可应用至其他领域的过程。

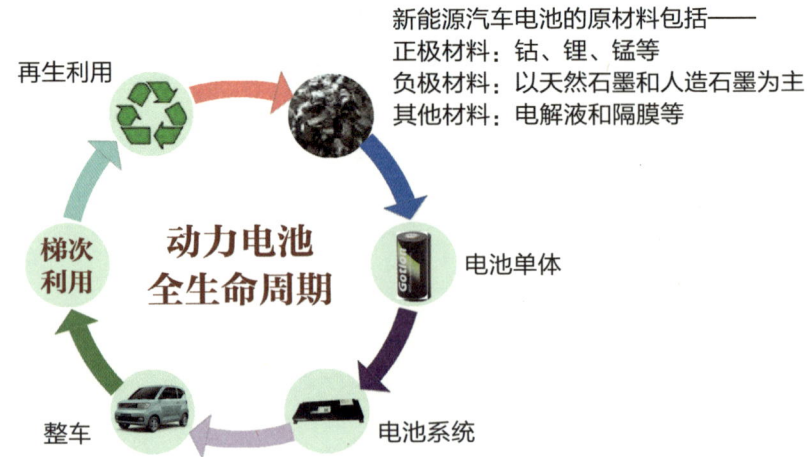

新能源汽车动力蓄电池的服役年限平均约为5年,一般退役后仍有70%~80%的剩余容量。为使余能被最大化利用,可以对其进行回收、筛选,再应用于其他领域。如果电池已受损严重,无法继续使用,便只能拆解回收,提炼电池中镍钴锂等贵金属达到再利用目的。

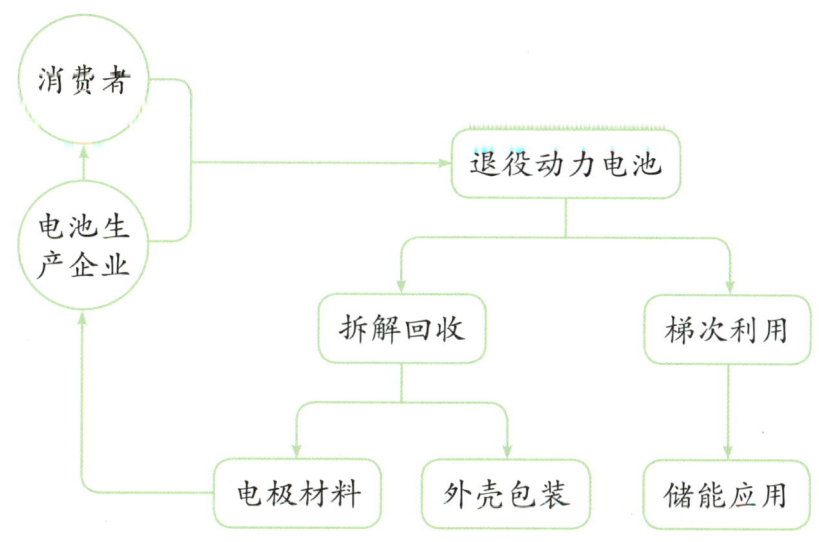

## 我的研学记录

**1.** 退役动力电池存在安全隐患,随意废弃将对生态环境和人体健康产生巨大影响。锂离子电池属于_____(选填"可回收垃圾""有害垃圾""其他垃圾")。如果电池轻度报废,可以_____(选填"拆解回收""梯次利用")。如果电池重度报废,可以_____(选填"拆解回收""梯次利用")。

**2.** 通过研学，我们发现电池的梯次利用被应用于生活的方方面面。勾选出下图中自己认为的退役动力电池可被梯次利用的场景吧。

充电宝　　　　　　电动车　　　　　　户外储能柜
□　　　　　　　　□　　　　　　　　□

**3.** 截至目前，合肥市新能源汽车保有量已突破 20 万辆，电池装车量达 11GWh，重量超 7 万吨。按照新能源汽车动力蓄电池的服役年限平均约为 5 年计算，第一批动力蓄电池已经到达退役年限，今后几年将迎来不断扩大的动力蓄电池回收市场。预计到 2026 年，合肥市动力蓄电池退役量将超过 3 万吨，退役容量达到 4.8GWh。

GWh 是千兆瓦时的英文简写，是电能的计量单位，表示 10 亿瓦时。它通常用于衡量大型电力系统的能量消耗或发电量，例如整个城市或地区的电力消耗量。如果一个家庭一年中平均每天使用 1 千瓦时的电力，那么 4.8GWh 的电量相当于这个家庭使用约 _____ 年的电力总和。

# 研学评价

| 评价内容 | 评价等级 | | | 评价主体 | | |
|---|---|---|---|---|---|---|
| | ☆ | ☆☆ | ☆☆☆ | 自主评价 | 家长评价 | 导师评价 |
| 研学准备 | 简单地查阅了一些资料 | 查阅较多资料，对研学任务有初步了解 | 查阅大量资料，对研学任务充分了解，并制订了详细的研学计划或路线 | | | |
| 研学过程 | 参与了部分研学过程，基本完成研学任务 | 全程参与研学过程，较好地完成研学任务 | 全程认真听研学导师讲解并积极参与互动，团队合作良好 | | | |
| 研学记录 | 有简单的研学记录 | 记录较完整、书写规范，复述知识点正确率较高 | 记录完整、详细、美观，复述知识点正确率高 | | | |

# 实践园地

## 合肥国轩高科动力能源有限公司
**安徽省科学技术普及基地**

合肥国轩高科动力能源有限公司（以下简称国轩高科），不仅致力于开发能驱动汽车跑得更远更快的动力电池，还积极向社会推广电力储存与安全输电的先进技术。在多年的发展历程中，国轩高科曾创下许多个"第一"：全球首条纯电动公交线路——"合肥18路公交车"助力合肥荣获世界最具影响力电动汽车城市大奖；全国首批585辆纯电动轿车在合肥示范运行，开启了中国纯电动汽车商业化、产业化的先河，这是国轩高科与江淮汽车合作的成果。

科学普及是国轩高科长久践行的社会责任。2020年起，国轩高科面向青少年推出了多项体验活动，让青少年零距离见证新能源电池的创新技术。

地址：合肥市新站区岱河路599号

# 低空交通

随着城市化进程的加速和人口密度的增加,地面交通拥堵问题日益严重。电动垂直起降航空器(eVTOL)作为一种全新的低空交通工具,不仅能有效缓解地面交通压力,还能用更短的时间连接城市的各个角落,为人们提供更加高效、便捷的出行选择。这样充满未来感且正在迅速实现的城市空中交通蓝图,正逐步走进我们的生活。

# 知识园地

## 1. 什么是低空交通？

近地面的公路交通、轨道交通，以及空中交通是我们当下主要使用的出行方式，而低空的eVTOL和无人机则代表了交通发展的新趋势。在未来，城市空中交通与地面交通遥相呼应，共同构筑起繁忙而有序的立体交通运行场景。

eVTOL作为未来低空交通领域使用的主要交通工具，很多人也把它称作"飞行汽车"。它是一种使用电力驱动的垂直起降航空器，

○ 未来城市低空交通模拟场景

具备电气化、绿色化、智能化等优势，不需要跑道，可垂直起降。除 eVTOL 外，低空航空器还包括直升机、固定翼飞机等。

###  eVTOL 有哪些种类？

根据动力产生方式不同，当前，eVTOL 主要分为多旋翼、复合翼和倾转旋翼三种。

多旋翼 eVTOL 以旋翼作为动力产生方式，通过多个旋翼的协同工作实现垂直起降和飞行。多旋翼 eVTOL 的巡航速度较慢，航程较短，商载较小，是消费类无人机、城市物流配送和短途载人的主要选择。

◎ 零重力飞机工业制造的多旋翼 eVTOL 航空器 ZG-ONE，有效载荷 2 人，巡航速度 75 千米每小时，续航里程 30 千米，续航时间 25 分钟

复合翼 eVTOL 以多旋翼产生起降动力，进入巡航阶段后依托固定翼产生升力。这种类型的 eVTOL 巡航速度较快，航程较长，商载较大，主要用于工业作业、海岛物流和中远途载人等场景。

◎ 零重力飞机工业制造的复合翼 eVTOL 航空器 ZG-VC2，既可搭载 2 人飞行，也可改装用于物流运输等场景

倾转旋翼 eVTOL 结合了旋翼和固定翼的优点，机身相对小巧，但

其结构较复杂、成本较高。目前大部分机型仍处于技术验证阶段。它是行业内公认的效能最大，同时也是技术难度最高的一种机型。这种eVTOL具有长航程、高航速等优势，将更好地服务于城市空中交通等运输场景。

● 零重力飞机工业制造的倾转旋翼eVTOL航空器ZG-T6，有效载荷6人，巡航速度250千米每小时，续航里程300千米，续航时间90分钟

 **除交通出行外，eVTOL还能做什么？**

eVTOL独特的垂直起降能力和电力驱动系统为多种场景提供了高效、灵活的运输方案，比如旅游观光、应急救援等。

旅游观光场景。传统的旅游观光方式往往受限于地面交通条件，有时无法到达一些偏远或路况较差的景点。而eVTOL可以直接从空中快速到达目的地，为游客提供更加便捷的旅游方式。游客可以在低空欣赏到更真实的风景，获得更好的观光体验。同时，eVTOL还可以满足游客个性化的旅行需求。

应急救援场景。在灾难发生或紧急情况下，传统交通工具往往难以及时到达现场，这可能会导致救援时机

● 零重力飞机工业制造的多旋翼eVTOL航空器ZG-ONE旅游观光渲染图

◎ 零重力飞机工业制造的多旋翼 eVTOL 航空器 ZG-ONE 高空灭火渲染图

延误。而 eVTOL 可以通过垂直起降，直接从空中飞往目的地，缩短救援时间。eVTOL 还可以在复杂地形起飞，或在恶劣天气飞行，提供更加灵活的救援方式，提高救援效率。同时，通过对机型的改装，eVTOL 还可搭载水管等消防设施进行高空灭火作业。

 **低空交通的全球发展形势怎样？**

低空交通的全球发展形势正朝着多元化、商业化、国际化的方向迈进。随着技术不断进步，低空交通将在未来发挥越来越重要的作用，为人们的出行带来更多便利和选择。同时，低空交通的发展也会带动相关产业的发展，为社会经济发展提供新动力。

据统计，当前全球正在研发的 eVTOL 机型超过 1000 种，更多集中在多旋翼 eVTOL 和倾转旋翼 eVTOL。从各款机型的研发进展来看，目前全球仅 5% 的机型完成了原型机试飞，零重力飞机工业的多旋翼 eVTOL 航空器 ZG-ONE 就位列其中。大部分的机型仍处于设计阶段。从全球分布来看，美国具有更多的 eVTOL 研发项目，占比约为 39%，欧洲和中国的占比约为 26% 和 24%。我国的通航产业虽然起步较晚、基础较弱，但随着各类航空器的研制成功和新兴技术的发展，我国将"低空"和"经济"有机结合，提出"低空经济"发展路线，发展潜力居全球领先地位。

# 研学活动

## 研学目标

【知识目标】

了解低空交通的基本概念和低空交通工具的工作原理,认识低空交通工具的种类及其在现实生活中的应用。

【技能目标】

通过观察与实际操作,培养观察力和分析能力,增强信息搜集和处理能力。

【情感目标】

激发对未知领域的探索欲望,像科学家一样想象和设计未来的低空交通工具。

低空交通

# 研学准备

**1. 确定场所**

了解我们所在城市里与低空交通有关的科技企业的情况。

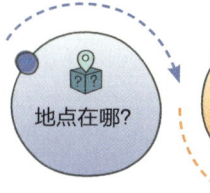 地点在哪？  距离多远？  取得哪些研究成果？  是否有展厅？  是否对外开放？

**2. 了解交通**

综合考虑距离、安全等因素确定交通工具，并注意以下安全事项：有序上车、系好安全带、不大声喧哗、不把头或手伸出窗外。

**3. 查询天气**

根据天气情况，准备合适的衣物、雨具等。

**4. 准备物品**

记录单、食物、水杯、常备药品、运动鞋等。

**5. 文明礼仪**

研学过程中，自觉遵守各项规章制度，做到文明参观。

# 研学内容

## 一、低空交通是什么
（所需时间：30分钟）

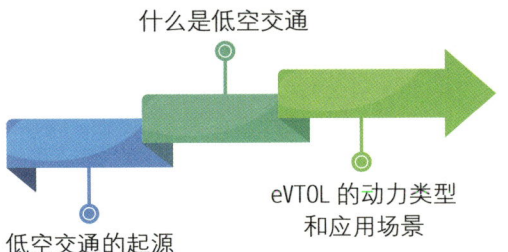

什么是低空交通

eVTOL 的动力类型和应用场景

低空交通的起源

### 1. 低空交通的起源

**风 筝**

风筝由中国古代劳动人民发明于春秋时期。

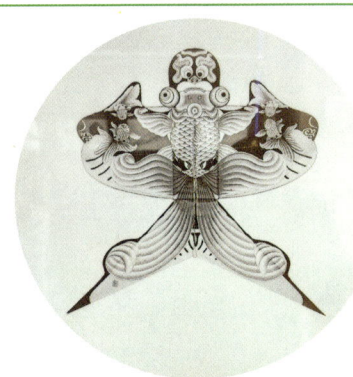

### 竹蜻蜓

竹蜻蜓是一种中国民间儿童玩具,流传甚广,西方传教士曾称其为"中国陀螺"。

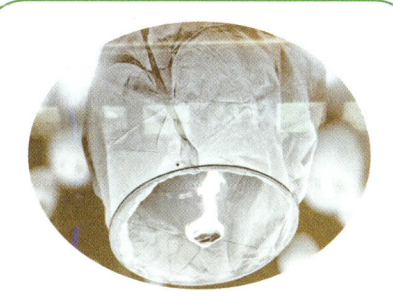

### 孔明灯

孔明灯又叫天灯,是一种汉族手工艺品。古代,多用于军事;现代,多用于祈福。

### 氢气球

1887年,华蘅芳制造了一个气球,自制氢气充填,并试飞成功,这成为中国人制造的第一个氢气球。

### "中国号"飞艇

1889年,澳大利亚华侨谢缵泰设计出中国第一架飞艇。

### 双翼飞机

1909年,"中国创始飞行大家"——旅美华侨冯如试飞自己设计制造的中国第一架双翼飞机。

## 2. 什么是低空交通

低空交通是指利用在低空空域飞行的航空器进行人员和货物运输。所用航空器主要包括无人机、eVTOL、直升机、传统固定翼飞机等。

以有人驾驶和无人驾驶航空器的各类低空飞行活动为契机，辐射带动相关领域融合发展的综合性经济形态，即低空经济。

电动固定翼飞机 RX1E-A 是中国唯一已经获得型号设计许可和生产许可证，可以商业化运行的电动轻型运动类飞机。零重力飞机工业主导该飞机的生产运营和全球化销售，主要用于飞行培训、旅游观光及低空巡查等。

## 3. eVTOL 的动力类型和应用场景

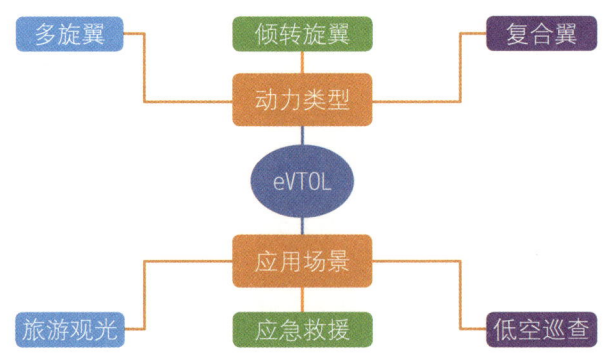

## 我的研学记录

**1.** 随着科技的发展，我们出行的方式也在不断变化。请跟同学或家长讲述自己知道的有关低空交通的故事。

**2.** 我们脑海中的无人机长什么样子呢？试着画出设计图，然后小组合作，根据图纸制作出简易的无人机吧！

**我 的 设 计 图**

示例：

## 二、走近低空交通

（所需时间：60分钟）

### 我的研学任务

低空交通有什么特点呢？我们积极参加研学活动，通过真实的体验，感知相关原理、技术在实际中的应用。

| 低空交通的特点 | 具体内容 |
| --- | --- |
| 灵活 | 低空交通能够提供更加灵活的航线选择和起降点布局，适应不同地形和环境需求。它可以降低大山、沙漠、边疆等地形的交通基建成本，赋能乡村振兴和西部大开发战略。 |
| 高效 | 具有快速的"点对点"运输能力，能显著缩短地区间的通行时间。 |
| 便捷 | 能够提供"门到门"的服务，减少换乘次数和等待时间。 |
| 大众化 | 随着技术进步和成本降低，低空交通工具将逐渐普及，成为大众出行的选择之一。预计到2030年，低空经济将形成万亿级市场规模，并在2050年实现大众化使用。 |

### 我的研学记录

1. 组装并调试无人机，体验无人机的操作流程。

活动准备：机身、电机、螺旋桨、电池、遥控器等部件。

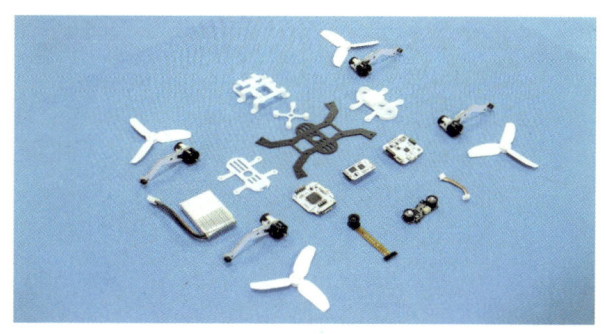

活动内容：

❶ 观察不同类型的无人机，想一想无人机有哪些操作技巧，又有哪些注意事项。

操作技巧：_____

注意事项：_____

_____

❷ 将散装的无人机部件组装成一架可以飞行的无人机。

❸ 组装好无人机后，需要不断进行调试，调整无人机的重心，在遥控器上进行通道设置和舵机设置，然后进行低空飞行测试。

通过调试无人机，我们了解：保障无人机安全飞行是重中之重。

❹ 调试好无人机，我们开始练习操控无人机，感受无人机是如何起飞、降落、悬停、前进、后退、左右平移、旋转、翻滚等。

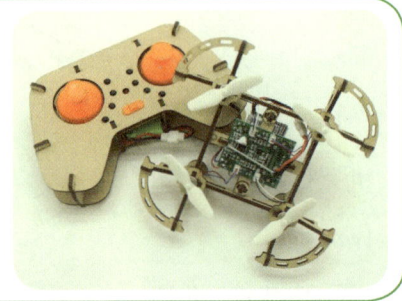

通过操控无人机，我们明白：保证无人机正常工作需要严谨的操作流程。

**2.** 体验驾驶"飞行汽车",探寻低空交通规则。

活动准备:虚拟现实 VR 驾驶舱。

活动内容:

❶ 先了解 VR 驾驶舱的基本操作方法,然后操作方向盘、踏板等,开始进行仿真驾驶。

❷ 在进行仿真驾驶过程中会体验拐弯、高速俯冲、爬升、倾斜等操作。

❸ 这些操作通过六自由度运动平台和具有反馈功能的方向盘,让我们得到近似于真实驾驶的感官体验。

通过亲身体验驾驶"飞行汽车",我们可以展开思考:在驾驶过程中飞行员应该关注哪些问题?"飞行汽车"有哪些优势?

| 关注的问题 | "飞行汽车"的优势 |
| --- | --- |
|  |  |

**假设问题 1** 遇到障碍物，如何避免碰撞？

**假设问题 2** 如何改变航行方向？

**假设问题 3** 飞行路线如何规划？

如果遇到上述问题，作为飞行员，我们该如何应对呢？

我的应对策略：

通过这个活动，我们懂得：低空交通需要有一定的规则来保障交通顺畅和安全。

# 三、低空交通的应用

（所需时间：20分钟）

低空交通在应急救援、物资运输、农林植保、资源勘测、消防救援、公共安全监测等多个领域被广泛应用。关于这些领域，我们都知道哪些内容？

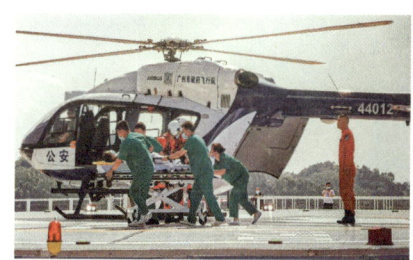

应急救援

物资运输

农林植保

资源勘测

消防救援

公共安全监测

## 我的研学记录

比较低空航空器的不同。

| 类别 | 直升机 | 无人机 | eVTOL |
| --- | --- | --- | --- |
| 航空器图片 | | | |
| 应用场景 | | | |
| 优势 | | | |
| 挑战 | | | |
| 动力系统 | | | |
| 我还发现了低空航空器的其他优势： | | | |
| 我还发现了低空航空器的不足之处： | | | |

# 四、未来的低空交通

（所需时间：20分钟）

## 我的研学任务

低空交通已被应用于生活的方方面面，让我们畅想一下，未来的低空交通还会不会有更多的实现方式呢！

- 节能环保
- ……
- 个性化定制
- 未来的低空交通
- 多功能空间
- 航空器种类丰富多彩
- 智能安全系统
- 与自然和谐共存

科里科气 研学合肥

**1. 我的预测**

未来的低空交通充满了无限可能，它会让我们的生活变得更加方便，同时也会更加安全、环保和有趣。那么，未来的低空交通会有以下特点吗？

（在自己认为未来低空交通会具有的特点前的□中画"√"）

| 航空器种类丰富多样 | □小型无人机，用于个人出行<br>□大型空中巴士，载很多人出行<br>□机身大部分是透明的，能让乘客全方位欣赏地面和天空的美景<br>我认为还有：_____ |
|---|---|
| 智能安全系统 | □自动检测天气情况、交通状况<br>□自动选择最安全的飞行路线<br>□自动避开障碍物<br>□有智能定位系统，不会迷路<br>我认为还有：_____ |
| 环保节能 | □利用清洁能源，如太阳能、风能等，不会污染环境<br>我认为还有：_____ |
| 多功能空间 | □里面有多个空间，可以供乘客读书写字、吃东西、休息<br>□可以在空中进行对接，像移动的空中游乐场<br>我认为还有：_____ |
| 与自然和谐共存 | □非常安静，没有噪声，能与鸟儿等和谐相处<br>□被设计得很轻巧，不会对花草树木造成伤害<br>我认为还有：_____ |
| 个性化定制 | □能根据自己的喜好来定制不同颜色、不同外形的航空器<br>我认为还有：_____ |

**2. 我的设想**

通过深入学习，我们很期待见到未来低空交通忙碌又有序的场景。

让我们用画笔描绘自己心中未来井然有序的交通情景吧。

（提示：前面我们所了解到的各种低空航空器、应该设置的交通规则等，都可以在图中呈现哟）

# 研学评价

评价表一：

"无人机设计图"评价量表

| 评价标准 | 自评 | 互评 | 师评 |
|---|---|---|---|
| 图中的各结构部件设计合理 | ☆☆☆ | ☆☆☆ | ☆☆☆ |
| 图画和文字的呈现完整、清晰、有序 | ☆☆☆ | ☆☆☆ | ☆☆☆ |
| 图文呈现的美观性 | ☆☆☆ | ☆☆☆ | ☆☆☆ |
| 设计的创新性 | ☆☆☆ | ☆☆☆ | ☆☆☆ |
| 按图设计的无人机的实用性、安全性 | ☆☆☆ | ☆☆☆ | ☆☆☆ |

小小设计师

评价表二：

| 评价内容 | 评价等级 | | | 评价主体 | | |
|---|---|---|---|---|---|---|
| | ☆ | ☆☆ | ☆☆☆ | 自主评价 | 家长评价 | 导师评价 |
| 研学准备 | 简单地查阅了一些资料 | 查阅较多资料，对研学任务有初步了解 | 查阅大量资料，对研学任务充分了解，并制订了详细的研学计划或路线 | | | |
| 研学过程 | 参与了部分研学过程，基本完成研学任务 | 全程参与研学过程，较好地完成研学任务 | 全程认真听研学导师讲解并积极参与互动，团队合作良好 | | | |
| 研学记录 | 有简单的研学记录 | 记录较完整、书写规范，复述知识点正确率较高 | 记录完整、详细、美观，复述知识点正确率高 | | | |

# 实践园地

## 合肥航空科普馆
**安徽省科普示范单位**

合肥航空科普馆的布展面积约3000平方米，集科普教育、展览、研学、互动体验和科技创新等功能于一体，致力于打造合肥航空科普新地标。展馆分为序厅、千年飞天梦、溯源百年航空和航空体验区四个展厅。

地址：合肥市包河区庐州大道1号

## 零重力飞机工业（合肥）有限公司
**推动长三角地区更高质量一体化发展优秀集体**

零重力飞机工业（合肥）有限公司以载人eVTOL为核心，布局多元化新能源航空器，推动绿色航空产业发展。公司总部位于合肥高新区，在南京、深圳、嘉兴等地分别设有研发、运营、生产、试飞等分支机构。零重力飞机工业始终坚持以"未来、绿色、创新"为总体发展理念，以"构建地球上第三种交通生态"为愿景，以"绿色飞行、服务民生"为使命，以新能源航空器为载体，在推动航空产业"绿色革命"及先进空中交通的发展上持续深耕，为我国早日建成综合立体交通体系贡献力量。

地址：合肥市高新区樱花路10号

# 合肥市科技旅游示范基地

### 安徽创新馆科技旅游示范基地

地址：合肥市滨湖新区云谷路与环湖北路交口
电话：0551-65909008

## 2 合肥市科技馆科技旅游示范基地

**蜀西湖馆区**
地址：合肥市高新区彩虹路 899 号
电话：0551-65192307 / 0551-65192300

**黄山路馆区**
地址：合肥市蜀山区黄山路 446 号
电话：0551-65192320

### 3 清华大学合肥公共安全研究院安全文化体验馆科技旅游示范基地

地址：合肥市经开区习友路 5999 号
电话：0551-64367581

### 4 合肥市智能机器人研究院科技旅游示范基地

地址：合肥市经开区宿松路 3963 号智能科技园
电话：0551-68996766

### 5 马塔塔动物王国科技旅游示范基地

地址：合肥市高新区长宁大道1888号
电话：0551-69025757

### 6 安徽省勘查技术院科技旅游示范基地

地址：合肥市庐阳区阜阳北路700号
电话：0551-65857100

### 7 长丰县气象科学探索中心科技旅游示范基地

地址：合肥市长丰县罗塘乡黄岗村高速连接线东侧长丰县气象局
电话：0551-62724005

### 8 天鸣花海科技旅游示范基地

地址：合肥市庐江县汤池镇双墩村天鸣花海
电话：15305050789（吴老师）

## 9 安徽朗巴航空科普馆科技旅游示范基地

地址：合肥市新站区新蚌埠路安徽朗巴航空科普馆
电话：0551 65354575

## 10 安徽尊贵现代农业科技园科技旅游示范基地

地址：合肥市新站区五卫路与101省道交叉口向西440米
电话：15855171364（周老师）

## 11 长丰县科技馆科技旅游示范基地

地址：合肥市长丰县水湖镇新城公园东侧
电话：0551-66661167

## 12 合肥格易集成电路有限公司科技旅游示范基地

地址：合肥市经开区清华路368号
电话：0551-68999899-6130

## 13　合肥亚摩斯电气有限公司科技旅游示范基地

地址：肥东经济开发区临泉东路北

电话：0551-62533543

## 14　合肥全色光显科技有限公司科技旅游示范基地

地址：合肥市高新区明珠产业园

电话：400-0968686